Rebecca Niazi-Shahabi
Zweimal lebenslänglich

W0034971

PIPER

Zu diesem Buch

Wie räumt es sich nach einem Tandemsprung den Fallschirm zusammen, wenn der andere die vorhin in der Luft gestellte Frage mit einem knappen »Nein« beantwortet hat? Liebende können zu Feinden werden, wenn einer von ihnen im falschen Moment mit den falschen Worten um die Hand des anderen anhält. Romantik lässt sich auch nicht buchen, indem man beim Feuerwerksfachgeschäft das Allround-Paket »Willst du mich heiraten?« bestellt.

Warum es trotzdem möglich ist, beim Heiraten nicht völlig wahnsinnig zu werden, beweist Rebecca Niazi-Shahabi in ihrem schonungslosen Selbstversuch. Sie erkundet Hochzeitsmessen, entwirft einen Anti-Wedding-Planer und erklärt, warum es völlig okay ist, nur wegen der Torte zu heiraten.

*Rebecca Niazi-Shahabi* glaubt eigentlich an die Liebe, hat beim Besuch einer Hochzeitsmesse jedoch kurz daran gezweifelt. Die Bestsellerautorin schreibt, lebt und heiratet in Berlin.

Rebecca Niazi-Shahabi

# ZWEIMAL LEBENS- LÄNGLICH

Von einer, die auszog, das Heiraten zu lernen

Mit Illustrationen von Oliver Sperl

Piper München Zürich

Mehr über unsere Autoren und Bücher:
www.piper.de

Von Rebecca Niazi-Shahabi liegen bei Piper vor:
Nett ist die kleine Schwester von Scheiße
Ich bleib so scheiße, wie ich bin

MIX
Papier aus verantwor-
tungsvollen Quellen
FSC® C083411
www.fsc.org

Originalausgabe
März 2014
© Piper Verlag GmbH, München 2014
Umschlaggestaltung: bürosüd°, München
Umschlagabbildung: bürosüd°, München
Satz: Kösel, Krugzell
Gesetzt aus der Joanna MT
Papier: Munken Print von Arctic Paper Munkedals AB, Schweden
Druck und Bindung: CPI books GmbH, Leck
Printed in Germany    ISBN 978-3-492-30416-0

# INHALT

# PROLOG

»Du willst *was?*«

Es war Samstag, das heißt Markttag, und an der Straßenecke schräg gegenüber bauten die ersten Händler ihre Stände auf. Ich saß mit Mark im türkischen Bäckereicafé, dem einzigen Ort in seinem Viertel, wo man einen Milchkaffee für unter drei Euro bekommt. In dem kleinen Verkaufsraum gab es nur wenige Tische, und der Abstand zu den Sitznachbarn war gering. Ich sah mich unauffällig um, ob unsere Unterhaltung belauscht wurde. Hinter mir saß ein Mann und las Zeitung, die Asiatin am Fenster auf der anderen Seite starrte nach draußen in den Schnee, niemand achtete auf uns.

»Du willst *was?*«, fragte ich noch einmal, diesmal mit gesenkter Stimme.

»Ich will dich heiraten.«

Wenigstens hatte Mark keinen besonderen Ort ausgewählt, mich also nicht auf eine einsame Insel oder einen Berggipfel entführt, um mir einen Antrag zu machen. Er hatte keine rote Rose dabei, kein Schmuckkästchen wurde bedeutungsvoll vor meiner Nase aufgeklappt, in das ich dann mit verzückter Miene hätte hineinschauen müssen. Er hatte den Vermählungswunsch nicht mit Lippenstift auf meinen Badezimmerspiegel oder mit Edding auf sein sogenanntes bestes Stück geschrieben. All das hatte er mir erspart – ich hatte schon von Männern gehört, die zu dieser Gelegenheit vor ihren Freundinnen auf die Knie gefallen waren! Ich atmete tief durch.

»Und wozu?«

Kaum hatte ich meine Frage ausgesprochen, befürchtete ich, dass sie schnippisch geklungen hatte, dabei wollte ich tatsächlich wissen, wie Mark auf diese Idee gekommen war.

»Wir sind seit sechs Jahren ein Paar. Wir verstehen uns gut und wollen es noch weitere Jahre miteinander versuchen. Ich finde, wir sind ein richtig gutes Team.«

Zum Glück hatte Mark nicht »Weil ich dich liebe« geantwortet. Im nächsten Moment dachte ich jedoch, er hätte ruhig »Ich liebe dich« sagen können. »Gutes Team«, das sagt man vielleicht zu jemandem, mit dem man in einer Fußballmannschaft spielt – aber den man heiraten möchte?

Normalerweise vertrete ich die Auffassung, dass es affig ist, sich einander zu jeder passenden und unpassenden Gelegenheit zu gestehen, dass man besondere Gefühle füreinander hegt. Auch als unser Exkanzler Gerhard Schröder 2005 im Kanzlerduell mit Angela Merkel seiner Frau Doris vor 20,98 Millionen Zuschauern eine Liebeserklärung machte, wand ich mich vor Fremdscham. Andererseits, wenn man einen Menschen liebt, kann man es ihm ruhig mal sagen. Es ist auch ein guter Test: Geht einem die Liebeserklärung leicht über die Lippen, weiß man, dass man die Wahrheit spricht.

»Außerdem liebe ich dich«, sagte Mark.

Damit hatte ich jetzt nicht gerechnet, und daher wusste ich auch nicht, wie ich mich verhalten sollte. Erwartete Mark jetzt von mir, dass ich ihm um den Hals fiel und ihm gestand, dass ich ihn auch liebte? Er kannte mich doch inzwischen lang genug und wusste, wie trotzig ich werde, wenn ein bestimmtes Verhalten von mir erwartet wird. Wenn Mark mich lieben würde, hätte er mich nicht in eine solche Situation gebracht.

»Was schaust du denn so komisch? Du scheinst nicht gerade begeistert zu sein«, stellte Mark fest.

»Wir kennen uns so lange, da ist es doch merkwürdig, plötzlich zu heiraten, das passt doch gar nicht zu uns.«

Jetzt war Mark beleidigt. Zu Recht. Wie konnte ich derart lieblos auf seinen Heiratsantrag – den ersten meines Lebens – reagieren?

Ich hätte in Tränen ausbrechen können. Der Morgen hatte so gut angefangen, und jetzt war alles auf einmal so kompliziert. Nun waren wir nicht mehr Mark und Rebecca, sondern ein Mann und eine Frau, zwischen denen ein Heiratsantrag stand – und zwar so lange, bis er angenommen oder abgelehnt wurde. Eine derart wichtige Entscheidung zu treffen war in der Planung meines Tages nicht vorgesehen gewesen. Wir hatten einkaufen gehen wollen, dann vielleicht wieder ins Bett, und am Nachmittag waren wir bei meiner Freundin Silvia zum Kaffee eingeladen. Nun würde ich in ein paar Stunden vor ihr und den anderen Gästen so tun müssen, als wäre nichts Besonderes geschehen. Denn eines wusste ich genau: Für die Antwort brauchte ich Zeit.

Wir waren übrigens nicht das erste Paar, bei dem ein Heiratsantrag zu Unstimmigkeiten geführt hatte. Zwei Liebende können zu Feinden werden, wenn einer von ihnen im falschen Moment mit den falschen Worten um die Hand des anderen anhält. Ich hatte mal eine Fernsehshow gesehen, in der eine junge Frau mit dem Geld des Senders das Wohnzimmer ihres Freundes neu gestalten sollte. Die Frau verlor angesichts der Möglichkeiten durch die zur Verfügung gestellten fünftausend Euro jede Hemmung. Sie schleppte sämtliche Deko-Artikel, derer sie habhaft werden konnte, in das zwanzig Quadratmeter große Zimmer.

Am Ende war es ein Albtraum aus Weinrot und Gold. Schwere, durch Kordeln zusammengeraffte Samtvorhänge zierten rechts und links das kleine Fenster, hohe Kerzenständer mit wuchtigen Kerzen standen mitten im Raum, der Kronleuchter bildete einen gewagten Kontrast zur Anbauwand Natur. Der Freund wurde gerufen, und nichts ahnend öffnete er vor laufenden Kameras die Tür zu seinem Wohnzimmer. Er erstarrte, war mit Begreifen beschäftigt, während seine Freundin aufgeregt umherlief und auf die ihrer Meinung nach besonders gelungenen Arrangements hinwies. Sie schien nicht zu merken, dass ihr Freund währenddessen völlig die Fassung verloren hatte, denn plötzlich, als hätte sie nicht schon genug angerichtet, machte sie ihm auch noch einen Heiratsantrag.

Die Kamera zoomte auf das Gesicht des Mannes, in dem die Antwort ganz deutlich zu lesen war. Sie lautete: »Nein, nein und nochmals nein!«

Die fünftausend Euro des Senders waren trotzdem nicht ganz verschwendet: Der Mann hatte dadurch die Gewissheit erlangt, dass die Frau an seiner Seite ganz bestimmt nicht die Richtige für ihn war. Jedem Zuschauer war klar, dass der Mann, sobald die Kameras eingepackt und das Fernsehteam verschwunden wäre, das ganze Zeug wieder rausreißen und auf den Müll werfen würde, um anschließend ein ernstes Wort mit seiner Freundin zu reden.

Manche Paare verstehen sich allerdings so gut, dass selbst vollkommen absurde Inszenierungen zum Zwecke des Heiratsantrags zu keinerlei Missstimmungen führen. Auf YouTube kann man sich das Video eines Amerikaners, eines begeisterten Sportfliegers, ansehen, der sich für seinen Heiratsantrag etwas ganz Besonderes ausgedacht hatte. Er lud seine Freundin zu einem Rundflug ein und nahm seine Videokamera mit ins Flugzeug. Auf dem Video sieht man ihn und seine Freundin in der engen Kabine sitzen. Sie starten das Flugzeug, heben vom Boden ab, und am Anfang scheint noch alles normal zu laufen. Aber plötzlich treten Probleme auf, der Mann wird nervös, das Flugzeug fängt an zu schlingern, und nur wenige Augenblicke später stürzt es im freien Fall nach unten. Der Mann und die Frau schreien, doch kurz bevor die Frau vor Todesangst kollabiert, gelingt es dem Mann, der Frau ein Stück Papier zu überreichen. Der Mann reißt am Steuerknüppel und fordert die Frau auf zu lesen, was dort geschrieben steht. »Notfallregeln« steht auf dem Zettel, und die erste Anweisung lautet: »Im Falle eines Absturzes Ringe tauschen.«

Die zweite Anweisung lautet: »Beantworte folgende Fragen: Ist der Pilot dein Typ? Wenn ja, willst du ihn heiraten?«

Die Frau – man kann es kaum glauben – hat tatsächlich Ja gesagt, Hunderttausenden YouTube-Usern hat das gefallen.

Manche Frauen haben einen sanfteren Charakter als ich, sie sind toleranter und haben mehr Verständnis für ihre Männer, das ist mir bereits aufgefallen. Auch hat mein Humorverständnis seine Grenzen, mit derartigen Scherzen könnte kein Mann bei mir landen. Ich dulde es auch nicht, dass man mein Wohnzimmer hinter meinem Rücken umräumt oder mich vor Fremden in Verlegenheit bringt, indem man mich voller Todesangst fürs Internet abfilmt. Überhaupt bin ich eine schwierige Frau, ich kann froh sein, überhaupt jemanden gefunden zu haben, der es mit mir aushält und auf meine Befindlichkeiten Rücksicht nimmt.

Viele Frauen beschweren sich ständig über ihren Partner – und das nicht zu Unrecht. In der Anzeige eines Seminars für Frauen mit dem Titel »Erfüllte Partnerschaft für hochbegabte und hochsensible Frauen« (und welche Frau ist nicht hochbegabt und hochsensibel) beschreiben die Trainerinnen Anne und Lisa die Lage anspruchsvoller Frauen so: Entweder die Frau ist allein, oder sie lebt in einer Beziehung, hat aber »innerlich gekündigt«. Letztgenannte wirken äußerlich vielleicht ganz zufrieden, aber tief in ihrem Inneren wissen sie, dass es da draußen »noch etwas anderes gibt«: nämlich mehr Leidenschaft, mehr Spaß und mehr Abenteuer. Behaupten sie.

Man kann sich dieses Seminar sparen, denn gegen die innere Kündigung hilft meiner Meinung nach folgende, sehr einfach durchzuführende Maßnahme: Man trifft sich mit Freundinnen und geht dann gemeinsam alle Expartner durch. Es ist absolut erhellend, wenn man sich in dieser geballten Form vergegenwärtigt, mit wem man mal alles zusammen war und was man sich von diesen Menschen hat bieten lassen.

Florian zum Beispiel musste man jeden Morgen aus dem Bett zerren. Diese Prozedur konnte bis zum späten Nachmittag dauern, und am Abend bekam man zu hören, dass ihn sein Medizinstudium überfordere. Jürgen litt an Depressionen, die er damit bekämpfte, dass er historische Musikinstrumente im Keller nachbaute. Martin hatte mit Mitte dreißig noch nie gearbeitet, und wenn er zu mir in die Wohnung kam, galt sein erstes Interesse meinem Kühlschrank. Wollten wir ins Kino gehen, war klar, dass ich seine Karte mit bezahlen musste. Dafür hatte er aber auch keine Depressionen und kein Studium, das ihn überforderte.

Bei Silvia war es auch nicht besser. Mit dreiundzwanzig Jahren lernte sie einen Mann kennen, der keinen Sex mit ihr wollte und sich stattdessen sehnlichst wünschte, dass sie ihm ins Gesicht pinkelte. Sie kaufte eine Gummiunterlage – und zum Dank trennte er sich kurze Zeit später von ihr, weil er eine andere gefunden hatte, die »es«, so seine Aussage, mit mehr Begeisterung tat. Sigruns erster Freund war eBay-süchtig, und als sie ihn endlich rausgeworfen hatte, blieben ein Haufen Schulden und ein Keller voller technischer Geräte zurück.

Ich habe noch keine Frau getroffen, bei der die Zufriedenheit mit der aktuellen Lebenssituation nach einem solchen Abend nicht signifikant angestiegen wäre – ganz gleich, ob mit Partner oder als Single.

Auch Mark sieht im Licht der vorherigen Partner ganz passabel aus: Er ist kein Workaholic, bleibt aber auch nicht bis mittags im Bett liegen. Er hat keine Magengeschwüre oder Depressionen, säuft nicht und raucht nicht Kette. Er schaut weder jeden Abend Fußball, noch liest er esoterische Bücher, sondern kümmert sich lieber um seine zwei Töchter. Er muss sich nicht befreien oder seine Kindheit bewältigen, er ist großzügig, amüsant, kann gut kochen und mag meine Freunde. Er ist vielleicht ein wenig konventionell, hat dafür aber keine Abgründe. Natürlich besitzt er Eigenschaften, die weniger liebenswert sind: Mark widerspricht jedem Menschen aus Prinzip. Er weiß und kann alles besser: Zwei Milliarden Euro mehr für einen Flughafen? So eine Fehlkalkulation wäre ihm nie passiert. Ein Freund wurde von seiner Autowerkstatt betrogen – hätte er doch Mark mitgenommen. Mark hätte den Streit mit der Nachbarin, dem Vermieter, dem Chef, der Kollegin, der Freundin anders gelöst. Sein Sendungsbewusstsein geht so weit, dass er sämtliche Geschäftsinhaber seines Viertels berät, wie sie es besser machen könnten: Dem Schuhmacher in seiner Straße erklärt er, wie Schuhe repariert werden, dem Weinhändler um die Ecke, wo es die besten Weine gibt, dem Bäcker, wie man Brote backt, der Käseverkäuferin auf dem Markt, woran man guten Käse erkennt, und so weiter. Er glaubt bis heute, dass diese Menschen glücklich sind über seine Hinweise und hält ihre Freundlichkeit für echt. Ich stehe, wenn ich ihn begleite, immer ein wenig abseits und tue so, als gehörte ich nicht dazu.

Aber ansonsten kann ich ihn gut ertragen, schließlich ist seine Besserwisserei ein Tick und auf gar keinen Fall ein Charakterfehler. Und dass er einen guten Charakter hat, erkennt man schon daran, dass er meine Ticks mit viel größerer Gelassenheit erträgt als ich seine. Mark hat recht, wir kommen gut miteinander aus. Aber ist das schon Grund genug, um zu heiraten?

# DER ANTRAG: WENN MENSCHEN ZU IDIOTEN MUTIEREN

»Wenn der Partner ein *NEIN* auf seine Frage nicht erträgt, wäre eine Hochzeit sowieso der falsche Weg.«
*Toller und logischer Tipp aus der Rubrik »Heiratsantrag News« auf www.paradisi.de*

**Sechs goldene Regeln für einen annehmbaren Heiratsantrag**

Ein Heiratsantrag sollte sich immer den Charakter einer echten Frage bewahren, sonst braucht man ihn erst gar nicht zu stellen. Spannung kommt dabei nur auf, wenn der Antragsteller nicht genau wissen kann, was der oder die Liebste auf die Frage »Willst du mich heiraten?« antworten wird. Herzklopfen und feuchte Hände erübrigen sich dagegen, wenn der Antrag zum abgekarteten Spiel wird, bei dem allen Beteiligten klar ist, wie sie sich zu verhalten haben.

Je mehr der Antrag inszeniert wird, desto mehr setzt das die Auserwählte oder den Auserwählten unter Druck. Werden kein Aufwand und keine Kosten gescheut, um den Antrag selbst zu einem Erlebnis zu machen, wie es in den Prospekten und auf den Websites von Wedding-Planern empfohlen wird, dann wird es für den Partner schwer, eine ehrliche Antwort zu geben. Wenn nicht gar unmöglich.

Aber nur, wenn die geliebte Person theoretisch auch Nein sagen darf, erhält ihr Ja einen besonderen Wert.

### Regel Nummer eins:
### Niemals vor Zeugen oder in der Öffentlichkeit

»Beweisen Sie Ihre Liebe und machen Sie Ihren Antrag während einer Veranstaltung oder Ähnlichem und zeigen Sie allen Ihr Glück!«, lautet der Vorschlag auf der Website eines bekannten deutschen Wedding-Planers. Das sollte man natürlich auf keinen Fall tun. Der Partner soll im Tausch gegen eheliche Geborgenheit und Sicherheit seine Freiheit aufgeben. Und es ist besser, wenn er dabei das Gefühl hat, dass er es freiwillig tut.

Dies ist jedoch nicht gegeben, wenn der Antragsteller so viele Zeugen wie möglich für sein Vorhaben zusammentrommelt. Wenn Oma, Opa, Vater, Mutter, Schwester und die besten Freunde im teuersten Restaurant der Stadt mit am Tisch sitzen, wenn er die Frage aller Fragen stellt. Und wie frei kann die Person, um deren Hand man anhält, sich fühlen, wenn gar Millionen Fernsehzuschauer gebannt das Geschehen verfolgen – und anschließend im Internetforum jeden Wimpernschlag und jedes Zucken ihres Mundwinkels kommentieren?

So hielt es beispielsweise Markus für eine gute Idee, seine

Freundin Maren im Oktober 2011 in der Sendung »Flash« vor einer ekstatisch tanzenden Menge und in Anwesenheit des aufgedrehten Moderators Detlef D! Soost zu fragen, ob sie ihn heiraten wolle. Das ist kein Antrag, das ist Nötigung.

Manche finden es originell, ihre Liebste von der Kinoleinwand herab zu fragen, ob sie für die Ehe bereit sei. Viele Kinobetreiber bieten Heiratswilligen an, ihren Antrag in einem Trailer zwischen Werbung für den nebenan gelegenen Dönerladen und Moni's Nagelstudio loszuwerden. Fälschlicherweise halten sie das anschließende Klatschen der Kinobesucher für ein Zeichen, dass diese ihrem Vorhaben wohlgesinnt sind. Dabei klatscht das Publikum nur, weil es weiß, was in einem solchen Moment von ihm erwartet wird, aber in Wirklichkeit empfinden die missbrauchten Kinozuschauer Groll: Niemand wird gerne ungefragt zum Statisten einer abgeschmackten Show degradiert.

**Regel Nummer zwei:**
**Nicht mehr als fünfzehn Kilometer vom Wohnort oder**
**mehr als fünf Meter vom Erdboden entfernt**
In eine ähnliche Bredouille bringt man die Person, um deren Hand man anhalten möchte, wenn man sie zu diesem Zweck auf eine abgelegene Insel oder auf eine Berghütte entführt. Denn was macht man in der eingeschneiten Berghütte oder an den endlos langen, einsamen Sandstränden, nachdem sich der Partner Bedenkzeit ausgebeten hat? So tun, als ob nichts gewesen

wäre, und im Liegestuhl in Illustrierten blättern? Und wie räumt es sich nach einem Tandemsprung den Fallschirm zusammen, wenn der andere die vorhin in der Luft gestellte Frage mit einem knappen »Nein« beantwortet hat?

Niemand möchte »Ja« sagen müssen, nur um die Stimmung nicht zu verderben. Wenn der Antragsteller keinen Plan B hat für den Fall, dass die geliebte Person ihm nicht um den Hals fällt und mit tränenerstickter Stimme »Ja, ich will« stammelt, kann es unangenehm werden.

Es ist schließlich ein zweifelhaftes Vergnügen, mit einem Menschen wieder ins Tal hinabzusteigen, mit dem Kreuzfahrtschiff nach Hause zu cruisen oder mit dem Heißluftballon nach unten schweben zu müssen, dessen Antrag man gerade abgelehnt hat.

**Regel Nummer drei:**
**Keine besonderen Hilfsmittel einsetzen**

Ein Russe mit zu viel Zeit und Geld wollte seiner Freundin einen Heiratsantrag machen und beschloss, seinem Ansinnen mehr Nachdruck zu verleihen. An einer geeigneten Kreuzung in der Nähe seiner Villa inszenierte er für die Angebetete folgendes Spektakel: Als seine Freundin in ihrem eigenen Wagen auf der Bildfläche erschien, sprang er in seine Limousine und wies den Chauffeur an, hinter der Freundin herzufahren. Dann überholten sie den Wagen der Freundin, und nur hundert Meter weiter kollidierten sie mit einem entgegenkommenden Fahrzeug. Die

Freundin musste mit ansehen, wie die Limousine anfing zu brennen. Menschen liefen herbei, um zu helfen, der Chauffeur zog den blutüberströmten Körper seines Chefs aus dem Wagen, kurz danach gab es eine Explosion, Sirenen ertönten. Die entsetzte Frau stürzte aus ihrem Auto, wollte zu ihrem Freund, der reglos auf der Straße lag, doch die Umstehenden hielten sie davon ab. Ein Krankenwagen hielt mit quietschenden Reifen, Sanitäter hievten den leblosen Körper auf eine Trage. Die junge Frau drängte sich an den Menschen vorbei, ergriff die Hand ihres Freundes, sie weinte. Und plötzlich richtete sich der vermeintlich Tote auf und fragte: »Willst du mich heiraten?«

Noch bevor sie begriff, brachen sämtliche Umstehenden in lauten Jubel aus, einer der Sanitäter ließ einen Champagnerkorken knallen, der mit Kunstblut beschmierte Russe zerrte seine Freundin in die Mitte der Kreuzung und begann, mit ihr zu tanzen …

Man kann von Glück sagen, dass nicht alle Menschen so viel Knete haben, um einen solchen Aufwand zu betreiben. Es reicht, von solchen Anträgen in der Zeitung zu lesen, erleben will man sie nicht.

---

**Regel Nummer vier:**
**Niemals romantisch!**
Romantisch kann jeder! Ein deutsches Online-Hochzeitsportal fragt seine User jährlich nach dem ungewöhnlichsten Heiratsantrag. Als Hauptgewinn gab es 2011 – wie romantisch – eine

Traumreise in die Karibik. Da die Anzahl der Teilnehmer an der Umfrage mit durchschnittlich über vierhundert Personen statistisch relevant ist, kann man am Ergebnis ablesen, was die meisten Menschen als romantisch empfinden. Am häufigsten fand der Antrag auf dem Gipfel eines Berges statt. Andere kreative Männer und Frauen schrieben den Antrag auf den Badezimmerspiegel oder hielten beim Tauchen um die Hand des anderen an.

Aber wie romantisch kann etwas noch sein, was von einer statistisch relevanten Mehrheit als romantisch definiert wird? Der Zauber einer Gefühlsäußerung schwindet, wenn sie millionenfach kopiert wird und sich die Anleitung dazu auf den Internetseiten von Hochzeitsplanern unter der Rubrik »Romantischer Heiratsantrag« finden lässt.

**Romantik ist das andere, das besondere, das improvisierte Erlebnis, nicht das von langer Hand vorbereitete.**

Romantik lässt sich auch nicht buchen, indem man zum Beispiel beim Feuerwerksfachgeschäft das Allround-Paket »Willst du mich heiraten?« bestellt. Darin ist enthalten – ich zitiere –: »ein romantisches Candle-Light-Dinner mit Kerzenschein und einem schönen Essen und prickelndem Sekt, dazu das passende Feuerwerk«. Überraschender und romantischer wäre es, das Candle-Light-Dinner ohne Kerzenschein und Essen zu nehmen.

Der ehemalige britische Premierminister Tony Blair soll seiner Frau in einem toskanischen Ferienhaus einen Heiratsantrag gemacht haben. Und zwar nicht bei »romantischem« Kerzenlicht oder beim gemeinsamen Betrachten des Sonnenunterganges, sondern als sie gerade das Klo schrubbte. Die Vermeidung überstrapazierter Gesten hat sich ausgezahlt – die beiden sind inzwischen dreißig Jahre verheiratet.

**Regel Nummer fünf:**

**Keine teuren Geschenke**

Ein Geschenk ist eine Gabe, an die keine Bedingungen geknüpft sind, sonst wäre es kein Geschenk, sondern Bestechung. Überreicht man also zum Zwecke des Antrags das mit Brillanten besetzte Diadem, welches man von der Großmutter geerbt hat, und die Antwort fällt nicht so aus, wie man es sich erhofft hat, dann kann man die kostbare Gabe schlecht wieder an sich nehmen. Es ist höchst unelegant, so wie Andrew Kornbluth im Film »Happiness« (USA 1998, Todd Solondz) den schweren Aschenbecher, ein Familienerbstück, aus den Händen der Angebeteten zu reißen, nur weil diese gesagt hat, sie möchte ihn nicht heiraten. Sicher: In den meisten Fällen wird der Heiratsantrag schon angenommen, aber man muss es dem anderen ja nicht reindrücken, dass man ihn im Sack hat, indem man ihm ein Geschenk überreicht, das wertvoll genug ist, um damit in anderen Breitengraden einen Menschen seinen Eltern abzukaufen.

### Regel Nummer sechs:
### Keine selbst gebastelten Geschenke

»Selbstgebasteltes zum Antrag ist der neueste Trend!«, wird seit einigen Jahren in Hochzeitsmagazinen verkündet. Eine selbst gebastelte Gabe öffne das Herz des oder der Liebsten, wie es kein gekauftes Geschenk vermöge, so die wagemutige These. Und natürlich wird auch gleich vorgeschlagen, was man zum Anlass aller Anlässe basteln könnte. Eines haben diese Vorschläge gemeinsam: Sie überfordern den Heiratswilligen nicht, denn um die trendigen Herzöffner herzustellen, werden keine besonderen Fertigkeiten vorausgesetzt.

Man kann ein vorgestanztes Herz mit Farbe beschmieren oder eine Krawatte mit Herzchen bemalen und den Namen des Partners auf einen selbst gestalteten Bilderrahmen schreiben. Und diese nutzlosen Scheußlichkeiten sollen dann die Ernsthaftigkeit des Antrages unterstreichen? Ja, denn der Partner könne dann das Geschenk noch Jahre später heimlich aus seiner Schublade ziehen und in dessen Betrachtung versinken, um sich an den wunderbaren Moment zu erinnern.

Es fällt schwer, sich vorzustellen, dass es Menschen gibt, die so etwas aufbewahren, zumal es sich bei dem Angetrauten in der Regel um einen erwachsenen Menschen und nicht um ein kleines Kind handelt. Aber vielleicht enthüllen die selbst gebastelten Gaben ja tatsächlich erst nach Jahren ihre wirkliche Bestimmung. Zum Beispiel, indem man sie in einer Krisensituation aus der Schublade zieht, um sich mit ihrer Hilfe klarzumachen, dass man nicht ganz bei Verstand war, als man ihren Schöpfer heiratete.

---

»Kann ich mir das noch überlegen?«

Mark nickte. »Natürlich, es ist ja nicht eilig. Es war nur so eine Idee. Ich habe nämlich zum ersten Mal das Gefühl, dass ich nichts verpasse, wenn ich den Rest meines Lebens mit dir zusammenbleibe. Wenn du nicht willst, dann heiraten wir eben nicht, zwischen uns bleibt trotzdem alles, wie es ist.«

---

»Nein, bei mir ist das anders! Ich weiß ganz sicher, dass ich niemals heiraten werde«, hatte ich im Alter von vierzehn Jahren zu unserem neuen Klassenlehrer gesagt. Wir saßen um das Lehrerpult herum und diskutierten mit ihm über Beziehungen und Liebe. Nach dem Unterricht blieben immer sieben oder acht Schüler in der Klasse, denn unser neuer Klassenlehrer war jung und nett und sah sehr gut aus. Wir mochten ihn gern, und er schien uns auch zu mögen. Er sagte zu mir: »Das kannst du jetzt noch gar nicht wissen. Niemand weiß, was ihm das Leben bringt.«

Ich ärgerte mich darüber, denn es gab meiner Meinung nach Dinge, die man eben doch wusste. Ich wusste zum Beispiel damals schon, dass ich nie in einer Bank arbeiten würde. Und niemals würden in meiner Wohnung ein Katzenklo und ein Katzenkratzbaum stehen, und niemals würde ich mir die Haare blond färben, und auf gar keinen Fall würde ich zum Schweigen in ein Retreat in die Toskana fahren. Das alles konnte ich bereits als Vierzehnjährige mit hundertprozentiger Sicherheit ausschließen, und bis jetzt bin ich mir in diesen wesentlichen Punkten treu geblieben. Wollte ich also nur nicht heiraten, um vor meinem vierzehnjährigen Ich nicht schlecht dazustehen?

Ich weiß natürlich, woher ich damals die Gewissheit nahm, dass das, was für viele bis heute ein Lebensideal ist, für mich absolut unattraktiv war. Meine Eltern hatten unsere Familie aus Vater, Mutter und zwei Kindern als Zwang empfunden. Sie waren eingesperrt gewesen zwischen Arbeiten, Einkaufen, Kochen, Waschen, Putzen und Kinderbetreuung. Sie waren zu Sklaven ihrer Familie geworden, ihre eigenen Wünsche und Pläne existierten nicht mehr. Meine Halbschwester und ich spürten oft, was für eine Last wir für unsere Eltern waren und wie sehr sich mein Stiefvater und meine Mutter manchmal danach sehnten, frei und allein zu sein.

Es war natürlich albern anzunehmen, dass sich zwischen Mark und mir mit dem Heiraten plötzlich alles verändern würde. Dass wir Kinder bekämen, die keiner von uns wollte, dass wir nur noch arbeiten würden und unsere Freunde nicht mehr sähen. Dass wir nach der Hochzeit nie mehr das tun würden, wozu wir Lust hatten, weil wir – ohne es zu merken – durch diesen Schritt so geworden waren wie unsere Eltern. Beim Heiraten ist es wie mit allem, was man im Leben tut: Ohne den festen Glauben daran, dass man es anders machen kann als seine Eltern, braucht man gar nicht erst damit anzufangen.

Mark stand auf, um zu zahlen. »Komm, wir gehen auf den Markt.«

## 2

# HOCHZEIT KANN DAS LEBEN KOSTEN: EIN PAAR FAKTEN

»Es war der schrecklichste Tag meines Lebens«, gestand Prinzessin Diana elf Jahre nach ihrer Hochzeit mit Prinz Charles dem US-Sender NBC. Die Traumhochzeit des letzten Jahrhunderts, immer noch von Hochzeitsforen und Klatschmagazinen unangefochten auf Platz eins gewählt, live verfolgt von über einer Milliarde Zuschauern in der ganzen Welt, war ausgerechnet für die Braut der schrecklichste Tag ihres Lebens gewesen?

Vielleicht hatte Diana angesichts ihrer unerfreulichen Ehe ihren Hochzeitstag schrecklicher in Erinnerung, als er in Wirklichkeit war. Sie war mit diesem Schicksal nicht allein, auch anderen Männern und Frauen ist die Erinnerung an ihre Hochzeit verdorben, wenn die Ehe, die sich unweigerlich an dieses Ereignis anschloss, nicht im Mindesten einlöste, was sie sich von ihr erhofft hatten. Dabei spielen unendlich viele Hochzeitswitze auf den Unterschied zwischen Hochzeit und Ehe an und warnen uns mit ihrer Botschaft, nicht zu vergessen, dass die Braut schon vierundzwanzig Stunden später nicht mehr Braut, sondern Ehefrau ist und der Bräutigam kein Bräutigam mehr, sondern der Gatte.

Kokett lacht man auf der eigenen Hochzeit über diese Witze, weil man davon überzeugt ist, die große Ausnahme von der Regel zu sein. Nur durch den Glauben an die Ausnahme ist auch der aktuelle Heiratstrend zu erklären: Seit ein paar Jahren steigt die Anzahl der Eheschließungen langsam wieder – sowohl in Deutschland als auch in Österreich und in der Schweiz – und damit die Anzahl der Scheidungen. Denn nach wie vor lassen sich mehr als die Hälfte aller Paare scheiden, manche schneller, als der Kredit für das rauschende Hochzeitsfest abbezahlt ist.

Obwohl die Ehe nur noch aus Kleinkriegen besteht, fragt der Mann, was sich seine Gattin zum Geburtstag wünscht. »Ich möchte die Scheidung!«, faucht sie. »Tut mir leid, so viel Geld wollte ich eigentlich nicht ausgeben!«

---

Dennoch gehört die Traumhochzeit für viele Menschen zu einem gelungenen Lebenslauf dazu. Einmal so schrecklich schön wie Diana zu heiraten, wünschen sich mehr Frauen (und auch Männer), als man gemeinhin glaubt. Diese heimliche Seite seiner Mitmenschen offenbart sich einem, wenn man mit ihnen Hochzeitsfeste anderer Paare besucht. Freundinnen, bis dahin in der Frauenbewegung aktiv, werfen sich kreischend in die Menge, um den Brautstrauß aufzufangen, worauf sie von anderen Freundinnen »umbusselt« werden, die mit heiseren Stimmen fragen, wer denn der »Glückliche« sein könnte. Vielleicht der Mann im eleganten Anzug dort drüben am Büffet? Der soll ja ein sehr erfolgreicher Geschäftsmann sein, also eine gute Partie. Autoverleiher schmelzen dahin, wenn man ihnen erklärt, dass das Golf Cabrio für eine Hochzeitsreise gemietet werden soll, hartherzige Flohmarkthändler lassen sich mit diesem Argument runterhandeln, und selbst Fahrkartenkontrolleure und Politessen lassen für Heiratende auch mal Gnade vor Recht ergehen. Inzwischen ziehen sogar Punk-Pärchen durch die Städte und sammeln für ihre Hochzeit. Die Traumhochzeit geistert durch die Phantasie aller Bevölkerungsschichten, unabhängig vom Bildungsgrad und der Höhe des Einkommens.

> »Ganz in Weiß mit einem Blumenstrauß, so siehst du in meinen schönsten Träumen aus ...«
> Roy Black, 1966

Die romantische Traumhochzeit ist eines der irrationalsten Projekte der Gegenwart. Sie ist etwas vom Alltag Entrücktes und hat nichts mit dem gemeinsam, was ich tagtäglich bei uns oder anderen Paaren beobachte. Sie beinhaltet das Versprechen, dass sie nun endlich wirklich beginnt, die wahre Liebe.

Der Wunsch zu heiraten wäre weniger irrational, wenn wir uns noch immer im »Golden Age of Marriage« befänden, in der Zeit der 1950er- und 1960er-Jahre, in denen fast die gesamte deutsche Bevölkerung in Familien lebte und neunzig Prozent der Kinder bis zum schulfähigen Alter mit Vater und Mutter aufwuchsen. In dieser Zeit war der gesellschaftliche Druck zu heiraten größer als heute; man konnte fast nicht anders, als das zu tun, was alle taten: nämlich seinen erstbesten Sexualpartner zu ehelichen. Merkte man anschließend, dass dies nicht unbedingt der Mensch war, mit dem man den Rest seines Lebens verbringen wollte, so hatte man sich eigentlich nichts vorzuwerfen. Die Gesellschaft war es, die einen in diese Ehe getrieben hatte. Mit einer Scheidung stieg man aus diesem nicht ganz freiwillig gewählten Bündnis aus. Danach hatte man zwar seine persönliche Freiheit zurück, wurde aber vielleicht geächtet und ausgegrenzt, durfte keine Karriere machen oder sogar seine Kinder nicht mehr sehen.

Wer dagegen heute heiratet, der tut das aus freien Stücken. Niemand verlangt einen solchen Schritt von einem. Man kann heute Kinder haben, Bundespräsident werden und Unternehmenschefin sein, ohne verheiratet zu sein. Großeltern kümmern sich um uneheliche Enkelkinder genauso gern wie um eheliche; Eltern pflegen sogar die Beziehung zu Exfreund oder Exfreundin weiter, selbst wenn deren Beziehung zu ihrem Sohn oder ihrer Tochter schon lange zerbrochen ist. Weder schadet es, noch nutzt es einem, die Ehe einzugehen – sie ist zum ersten Mal in der Geschichte der Menschheit eine reine Privatsache. Will heißen, heute hat man aus purer Liebe zu heiraten – und auf gar keinen Fall, weil die Frau aus Versehen schwanger geworden ist oder weil Familienunternehmen oder Königreiche zusammengeführt werden sollen.

Das Liebesfest muss ein Event werden, sonst braucht man es ja nicht zu feiern. Und für solch ein Event orientiert sich selbstverständlich niemand an den Traditionen einer flämischen Bauernhochzeit aus dem sechzehnten Jahrhundert, sondern an der Hochzeit von Diana und Charles: Mit höfischen Traditionen will man seine Liebe adeln. Von der achtzigjährigen Großtante bis zur dreijährigen Nichte weiß doch jeder, dass zu einer richtigen Hochzeit eine blumengeschmückte Kutsche oder wenigstens eine Limousine gehört, aus der die Braut in einem sündhaft teuren Traum aus Spitze und Chiffon entsteigt. Das Paar lässt sich auch nicht vor der eigenen Wohnungstür fotografieren, sondern vor einem Schloss. Und zum Tanzen und Speisen bittet es lieber in eine Ballsaal-Imitation als in den Schrebergarten. Anwesend ist natürlich der ganze Hofstaat – sprich die gesamte Familie – und nicht nur ein paar gute Freunde. Und der Wedding-Planer als moderner Zeremonienmeister dirigiert das Personal, sodass am schönsten Tag des Lebens nichts schiefgeht.

Einmal in ihrem Leben will jede Frau eine Prinzessin sein, aber warum ausgerechnet auf ihrer Hochzeit?

Wie Kaiserin Sissi fuhr Verona Feldbusch im Herbst 2005 in einer rosa Kutsche an der Seite ihres Gatten am Wiener Stephansdom vor. An seinem Hochzeitstag kann das Paar zeigen, was ihm die Liebe wert ist. Manch ein Paar hat sich für den Prinzessinnentraum auf Jahre verschuldet, nicht jeder hat so viel Geld wie Frau Feldbusch, verheiratete Pooth.

Durch diesen magischen Akt, verschwenderisch inszeniert wie für einen Monarchen, hofft man, in die höheren Sphären der Liebe katapultiert zu werden. Das Vorbild der höfischen Traditionen, ausgelegt und konserviert durch die Hochzeitsindustrie, ist schuld daran, dass man an dem Tag der Eheschließung kein normales Fest am See feiern kann, wo man mit Freunden Bier trinkt und Würstchen isst und hinterher alle nackend ins Wasser rennen. Bei Hofe lässt man sich nicht gehen.

Vielleicht hatte Prinzessin Diana doch recht: Der schönste Tag kann ziemlich schrecklich sein. Aber an dem Tag, an dem auch ich mal Prinzessin sein darf, sollte ich auch bereit sein, ein klein wenig wie eine Prinzessin zu leiden.

> Zugleich höfisch und ausgelassen zu feiern schließen einander aus.

---

Natürlich ziemt es sich nicht, auf einer solch märchenhaft schönen Traumhochzeit die statistisch nahezu unausweichliche Scheidung zu erwähnen, aber genauso wenig sollte man an diesem Tag über die Ehe sprechen. Denn mit einer Hochzeit will ein Paar seine Liebe feiern, nicht seinen Alltag. Es zelebriert den Entschluss der freiwilligen Selbstbeschränkung, nicht den Zwang, der sich daraus ergibt, den Übergang in einen neuen Lebensabschnitt, nicht den Status quo. Daher war es auch ein wenig ungerecht von der Journalistin Tina Hildebrandt, der Piratin Marina Weisband Bürgerlichkeit vorzuwerfen, als Letztere im Januar 2012 twitterte: »He did it.« »He did it« sollte heißen, dass ihr Freund ihr einen

Heiratsantrag gemacht hatte, und genau über den freute sich die Piratin – und dann vielleicht noch auf das Fest, aber eben nicht auf das gemeinsame »Kaffeeservice«, den »Toaster« und die »Bodenvase«, wie ihr Tina Hildebrandt unterstellte.

»He did it«, der hier unverblümt geäußerte private Triumph einer Frau kann sich bei Spießerinnen und Nichtspießerinnen gleichermaßen Bahn brechen. Da man nicht mehr heiraten muss, nicht einmal, wenn man zusammen Kinder hat, wird die Ehe an etwas geknüpft, womit sie ursprünglich nicht viel zu tun hatte. Nicht der gesellschaftliche Zwang treibt den Mann vor den Altar, sondern die Liebe zu einer Frau. Und diese Frau interessiert in der Regel nicht die Ehe, sondern nur, ob jemand theoretisch bereit wäre, mit ihr eine Ehe zu führen. Das Problem, das sich daraus ergibt, ist: Um das zu erfahren, muss sie heiraten.

**Hochzeit und Ehe passen nicht zusammen.**

---

Es gibt einige Männer und Frauen, die niemals eine Ehe schließen würden, wenn sie nicht die Gewissheit hätten, sich zur Not scheiden lassen zu können, wie zum Beispiel Exbundeskanzler Gerhard Schröder, der viermal in seinem Leben geheiratet, also mindestens dreimal in seinem Leben die Erfahrung gemacht hat, dass Ehen nicht immer bis ans Lebensende halten. Wer nun aber Gerhard Schröder unterstellt, er habe es nicht mit jeder einzelnen Frau ernst gemeint, der versteht Menschen nicht, die aus Liebe heiraten.

Nur weil allen Außenstehenden klar ist, dass man ein Versprechen nicht halten kann, heißt das nicht, dass man in dem Moment, in dem man es abgibt, nicht davon überzeugt ist, dass man es halten möchte. Das ist eben Liebe. Würde man sich selbst und seine Mitmenschen sehr realistisch und nüchtern betrachten, dürfte man im Grunde nie etwas versprechen.

Mit der Liebesheirat darf ich mir eine private Utopie von offizieller Seite absegnen lassen – und zwar sooft ich möchte.

Das Irrationale an dem Projekt Liebesheirat zeigt sich auch daran, dass es gerade auf die, die es besser wissen müssten, eine enorme Anziehungskraft ausübt. Ein Blick auf die Statistik verrät, dass Männer und Frauen, die sich schon einmal haben scheiden lassen, besonders gern heiraten, und zwar deutlich häufiger als Menschen, die bisher noch nie verheiratet waren. Schlechte Erfahrungen mit der Ehe lassen sie offensichtlich nicht am Konzept der Ehe zweifeln, es erscheint ihnen vielmehr nach jedem Rückschlag noch attraktiver und erstrebenswerter.

### Wiederholungstäter

Noch immer heiraten vier von fünf Deutschen mindestens einmal in ihrem Leben, auch ein Scheitern hält viele nicht von weiteren Versuchen ab: Jedes sechste Brautpaar besteht aus zwei Geschiedenen. Der Deutsche, der bis jetzt am häufigsten geheiratet hat, ist der Schriftsteller Fred Dengler. Er war gleich elfmal verheiratet, davon zweimal mit derselben Frau.

In Brixham, einer Kleinstadt im englischen Devon, steht ein kleines, zweistöckiges Reihenhaus, das zum Inbild dafür geworden ist, wie immun Liebesheiratende gegen Erfahrungen sind. Im linken Viertel dieses Hauses lebt ein Mann mit seiner jungen Ehefrau. Es ist seine dritte. Bevor er anfing zu heiraten, gehörte ihm das ganze Haus samt dem dahinter liegenden Gartengrundstück. Doch als er seine erste Frau über die Schwelle des Hauses trug, machte er es auch zu ihrem. Die beiden verstanden sich nicht gut und ließen sich bald scheiden. Das Haus wurde in der Mitte geteilt, durch das Gartengrundstück ein Zaun gezogen, der Mann zog in die linke Hälfte, seine Exfrau in die rechte. Dann verliebte sich der Mann und heiratete wieder. Aber leider hielt auch diese Ehe nur wenige Jahre, und die verbliebene Haushälfte musste erneut aufgeteilt werden. Die zweite Exfrau verkaufte das ihr zugesprochene Hausviertel nicht, sondern blieb in ihm wohnen, denn es gefiel ihr dort. Das Haus war hübsch und der Garten gepflegt, außerdem hatte sie sich mit der ersten Exfrau angefreundet. Der Mann hatte jedoch seinen Glauben an die ewige Liebe nicht verloren und heiratete ein drittes Mal. Zu seinem Glück war Nummer drei recht bescheiden und bereit, mit ihm in dem kleinen verbliebenen Hausrest zusammenzuleben. Der Notar machte ihm vorsorglich klar: Sollte er sich diesmal scheiden lassen, wird nicht mehr geteilt, sondern er muss ausziehen.

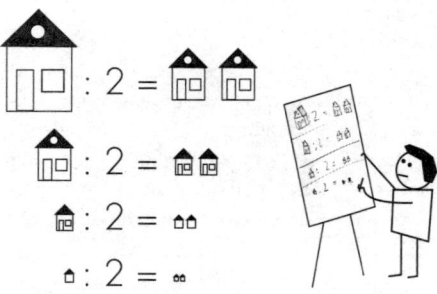

Es wäre ein interessantes Experiment, versuchshalber die Scheidung in Deutschland zu verbieten, um zu schauen, wie viele Leute unter diesen Bedingungen noch heiraten würden.

Selbstverständlich ist es ein Segen, dass man sich inzwischen ohne viel Aufhebens von einem ungeliebten, einem das Dasein vergällenden Ehegatten trennen kann. Niemand sollte unter einer schlechten Entscheidung sein Leben lang leiden müssen. Wenn aber eine oder gar mehrere Scheidungen im Lebenslauf kein Desaster mehr sind, dann verliert auch das Versprechen, welches man einander auf dem Standesamt oder vor dem Traualtar gibt, an Bedeutsamkeit. Eines bedingt das andere, das ist unausweichlich. Norbert Blüm nannte dies 2013 in einem Gastbeitrag in der »Süddeutschen Zeitung« ein »Eheversprechen auf Zeit«. Heute bleibe man nur noch verheiratet, bis etwas Besseres käme, schreibt er, wobei er ironisch hinzufügt (was sein Bedauern nicht kaschieren kann), dass das »abendländische Nacheinander der Lebensabschnittsgefährten« geschlechtsneutral sei, also sowohl Männer als auch Frauen den Partner so oft wechseln dürfen, wie es ihnen beliebt.

### Land der Gattenmorde

In Italien war es bis in die 70er-Jahre des letzten Jahrhunderts verboten, sich scheiden zu lassen. Und so leben noch heute viele Männer und Frauen zusammen, die sich längst hätten trennen müssen.

Manche Italienerin kostet die Ehe das Leben: Nirgendwo in Europa bringen so viele Männer ihre Ehefrauen um, denn obwohl Scheidungen inzwischen erlaubt sind, gelten sie in Italien – insbesondere wenn sie von der Frau eingereicht wird – immer noch als Makel.

Vielleicht ist das der Grund, warum Hochzeiten zwar wieder häufiger gefeiert werden, aber von den Gästen nicht selten als eine Angelegenheit mit einem peinlichen Beigeschmack empfunden werden. Die Liebe, die der eine gerade zum anderen zu verspüren glaubt und die die Gäste eigentlich auch gar nichts angeht, wird mit allen Liebesritualen zelebriert, die die Welt zu bieten hat. (Manchen Liebenden sind eben die europäischen höfischen Traditionen nicht genug.) Kein Hochzeitsbrauch ist zu fremd und zu albern, um nicht in die Hochzeitszeremonie mit aufgenommen zu werden.

Man erlebt auf deutschen Hochzeiten, wie sich ein in indische Hochzeitssaris gewickeltes Brautpaar unter einer jüdischen Chuppa siebenmal umkreist und sich vor einhundert Gästen intime Geständnisse macht. Anschließend zerschlägt es mit verbundenen Augen eine mit Süßigkeiten gefüllte mexikanische Hochzeits-Piñata. Das Brautpaar wird mit Puderzucker bestreut wie im alten Persien, Gäste rufen zur Eröffnung der Hochzeitstafel das Wort »bitter«, um die Brautleute aufzufordern, das Essen durch ihre Küsse zu versüßen, so wie es in Polen üblich ist.

Erfährt man dann wenige Zeit später von der Trennung der Eheleute, nimmt man das als urbaner Mensch mit Gelassenheit zur Kenntnis. Man ruft nicht: »Wieso trennt ihr euch, ihr habt doch erst vor zwei Jahren geheiratet, ich musste zu eurer Hochzeit extra auf die Malediven fliegen und euch dort mit Kokosöl einreiben und eure Hände mit Henna bemalen, wie man es in Kenia macht. Spinnt ihr?«

**Die teuerste Hochzeit der Welt**
Die Hochzeit der Sängerin Liza Minelli und des Produzenten David Gest im Jahr 2002 kostete 3,5 Millionen Dollar und war damit eine der teuersten Hochzeiten der Welt. Ein Jahr später wurde sich getrennt – wie viel die Scheidung kostete, ist nicht bekannt.

---

Doch die Menschen, die ihre Liebe mit einer Hochzeit vor aller Welt ausstellen wollen, sind nicht lächerlich. Man muss sie für ihre Waghalsigkeit bewundern, denn wer öffentlich vorführt, wie sehr und wie tief er empfindet, muss damit rechnen, als unglaubwürdig dazustehen, wenn von diesen Gefühlen nach wenigen Jahren nichts mehr übrig ist. Es zeugt von Größe, auf diese Vorführung trotz des Risikos der anschließenden Blamage nicht zu verzichten. Insbesondere, wenn es zum zweiten, dritten oder gar zehnten Mal geschieht.

**Neunundzwanzigmal**

Am häufigsten auf dieser Welt hat bis jetzt der Baptistenprediger Glynn Wolfe geheiratet. Neunundzwanzigmal gab er einer Frau das Jawort. Die neunundzwanzigste Frau war Linda Wolfe, die selbst insgesamt dreiundzwanzigmal geheiratet hat. Einundvierzig Kinder gingen aus den Ehen Glynn Wolfes hervor, genutzt hat es ihm aber nichts, denn er starb einsam und allein.

---

Warum nicht eine ganze Woche lang seine Vermählung feiern, wie der indische Millionär Arun Nayar und seine Exfrau, die Schauspielerin Liz Hurley? Wann hat man schon die Gelegenheit, mit einem juwelenbesetzten Turban auf dem Kopf auf einem schwarzen Pferd seiner Braut entgegenzureiten, begleitet von echten Kamelen und Elefanten? Es ist sicher ein erhebendes Gefühl, wenn Hindupriester für einen auf Muscheln blasen und Jünglinge wohlklingende Mantras aufsagen. Anschließend serviert man der riesigen Gästeschar indische und internationale Köstlichkeiten und lauscht dem Tumult vor den Toren des Palastes, wo sich die Leute die Köpfe einschlagen, weil sie auch dabei sein wollen. Drei Jahre später kann man sich wie Arun und Liz einfach scheiden lassen. Das ist ja heute kein Problem mehr.

Vernünftige Menschen heiraten natürlich anders. Sie warten mit der Heirat, bis sie einander besser kennengelernt haben. Sie bauen sich erst einmal ihr eigenes Leben auf, damit sie auch etwas haben, was sie mit einem anderen Menschen teilen können. Sie erproben das Zusammenleben mit ihrem Partner, um zu sehen, wie sich ihre Liebe im Alltag bewährt. Mit anderen Worten: Ein vernünftiger Mensch heiratet – wenn überhaupt – erst, wenn kein Risiko mehr besteht.

Statistiken zeigen, dass Ehen von Paaren, die schon einige Jahre vor der Hochzeit zusammengelebt haben, stabiler sind als von Paaren, die kurz nach dem Kennenlernen zum Traualtar rennen. Folglich raten Paartherapeuten und Sozialarbeiter davon ab, im Überschwang der Gefühle zu heiraten. Schließlich raten Therapeuten und Sozialarbeiter selten dazu, etwas Spontanes oder Lustiges zu tun. Der anerkannte Heidelberger Paartherapeut Werner Habermehl stellte sogar in einem Interview mit der »Healthy Living« die These auf, dass die Liebe mit der Organisation des täglichen Lebens nicht vereinbar sei. Da aber logischerweise jedes menschliche Dasein aus einem Alltag besteht, (von wenigen besonderen Ereignissen abgesehen), lässt sich Habermehls These so verstehen, dass es die Liebe für uns Menschen nicht gibt – und man sie daher nicht in seine Lebensplanung miteinbeziehen sollte.

Dem Staat ist es auch lieber, wenn nicht spontan, sondern vernünftig geheiratet wird, denn gefördert werden soll die Ehe, die hält. Standesbeamte werden auch nicht dafür bezahlt, den Moment des Bekenntnisses zu einem ganz besonderen zu machen, denn die standesamtliche Trauung ist nichts weiter als ein bürokratischer Akt, der nicht länger als dreißig Minuten in Anspruch nehmen darf. Damit erklärt sich das Rätsel, warum tatsächlich immer noch viele Standesbeamte lustige Motivkrawatten tragen. Sie kommen mehrheitlich im Anzug zur Arbeit, wie sich das für einen Beamten gehört, sind sich aber bewusst, dass sie mit Menschen zu tun haben, die sich in einer nicht alltäglichen Situation befinden. Daher legen sie die Freude verbreitenden Krawatten an und meistern so den Spagat zwischen Bürokratie und Sinnlichkeit. Oder auch nicht.

**Man bemüht sich**
»Die Standesbeamten sind bemüht, die Hochzeit so
stilvoll und mit hohem Niveau durchzuführen, wie es
nur möglich ist. Der Standesbeamte wird ggf. Ihre
Wünsche in den Ablauf der Zeremonie einbeziehen.«
*Aus einem Online-Leitfaden für angehende Eheleute*

Für Romantik und Aufregung ist der Staat nicht zuständig. Wer
spontan den Heiratsantrag der falschen Person annimmt, macht
dem Staat viel Arbeit. Eine Scheidung ist eine aufwendige Angelegenheit, in dem die Ansprüche beider Ehepartner genauestens
geklärt werden müssen. Richtig kompliziert wird es, wenn es
Kinder gibt, womöglich noch einige aus den vorherigen Ehen,
dazu gemeinsam erworbene, aber noch nicht abbezahlte Eigen-
tumswohnungen, nicht zu teilende Haustiere und nur eine einzige Hellerau-Kommode.

Vernünftigen kann so etwas nicht passieren. Sie heiraten lieber,
wenn die störenden Gefühle von Überschwang und Leidenschaft vorbei sind. Bei ihnen erwacht der Wunsch, einander zu
heiraten, genau in dem Moment, in dem beide spüren: Jetzt ist
es nicht mehr wie früher. Noch hat man den anderen gern
genug, um das zu bedauern und sich zu wünschen, dass es noch
einmal so schön wie am Anfang wäre. Man müsste etwas unternehmen, etwas Großes und Wichtiges, etwas, was allen deutlich
macht, dass diese Liebe doch etwas Besonderes war.
    »Wir trauen uns lieber spät als nie ...«, schreiben sie in ihre
Anzeigen und zitieren den Dichter Erich Fried, der mit seinem
Gedicht »Was es ist« genau ausdrückt, was sie gerne empfinden
würden.
    Die Hamburger Pastorin Anne Gidion kann das bestätigen:
»Bei den Planungen regiert die Vernunft. Oft leben die Brautleute schon seit Jahren in einer festen Beziehung, und jetzt will
man ›noch einmal blühen‹, wird sie in einem Artikel in der

Wochenzeitung »Die Zeit« zitiert. Und was kommt nach dem Tag, an dem man noch einmal geblüht hat? Das gemeinsame Verrotten?

Die vernünftige Hochzeit soll selbstverständlich »romantisch« gefeiert werden. In diesem Punkt sind die Vernünftigen genauso irrational wie alle anderen. Plötzlich gibt es so viel zu besprechen. Die »alten Stellen« – also die Stellen, an denen man sich das erste Mal geküsst, geliebt oder wieder versöhnt hat – sollen Freunden und Familie vorgeführt werden, entweder in Wirklichkeit oder als Power-Point-Präse. Geplant wird, jede noch so kleine Intimität an das Publikum zu verraten, weil man hofft, auf diesem Weg die intimen Momente noch einmal zu erleben (leider mit dem Ergebnis, dass es danach keine Intimität mehr zwischen dem Paar gibt). Der Verrat soll an einem besonderen Ort stattfinden, zum Beispiel in einem Waldschlösschen. Und am liebsten würde man in einer Kutsche vor eine schnuckelige Dorfkirche fahren, wo rotwangige Kinder bereitstehen und Blumen auf den Kiesweg streuen. Danach gibt es Kaffee und Kuchen unter blühenden Kirschbäumen in einem romantisch-verwilderten Garten. Inzwischen hat man sogar das Geld, um sich diesen Traum zu leisten.

Nie wird man auf dieser Art von Hochzeiten das Gefühl los, dass hier zwei Menschen versuchen, ihre Gefühle derart aufzublasen, dass sie eine akzeptable, das heißt präsentable Mindestgröße erreichen. Doch Romantik ist kein Accessoire, mit dem man die fad gewordene Liebe aufpeppt. Romantik ist ein Lebenskonzept. Romantik ist – vielleicht für Vernünftige besonders überraschend – der Gegenentwurf zur ordentlichen und ehrbaren Existenz. Sie ist Rebellion gegen die Konvention.

Das Bürgertum habe im achtzehnten Jahrhundert die romantische Liebe erfunden, um eine gute Begründung zu haben, in den Adel hochzuheiraten, lautet, grob zusammengefasst, Niklas

Luhmanns These in seinem Buch »Liebe als Passion«. Nur die Liebe zwischen Mann und Frau besaß genug Sprengstoff, um die Festung des adeligen Herrschaftsanspruchs ins Wanken zu bringen. Man kann demnach behaupten, dass selbst die romantische, also die standesübergreifende Liebe stets handfesten Interessen entsprang. Der Bürger, so fleißig und geschäftstüchtig er auch war, konnte kein Adeliger werden, und das kränkte ihn. Durch die Liebesheirat wurde es möglich, die sonst so unüberwindlichen Standesschranken zu bezwingen. Auch ein verarmter Adelssohn konnte durch die Verbindung mit einer reichen Bürgerstochter seine Situation verbessern, und durch ihre Liebe zueinander wurde eine solche nicht standesgemäße Verbindung wieder geadelt. Mit dem Wunsch des Bürgertums aufzusteigen entstand also die Idee, dass Liebe und Ehe zusammengehören sollten. Das war damals revolutionär, denn diese Idee sprengte die Verhältnisse.

Beide Seiten riskierten nicht wenig, wenn sie ihre unstandesgemäße Liebe legalisieren wollten. Noch im Jahre 2006 konnte man in einer Dokumentation auf RTL 2 verfolgen, was es bedeuten kann, wenn Bürgertum und Adel sich zusammentun. Die Hochzeitsvorbereitungen von Tatjana Gsell und dem Prinzen Ferfried von Hohenzollern nagten nicht nur an der überschaubaren Würde des Prinzen, sondern an der des Prinzentums an sich. Tatjana Gsell wiederum sah sich dem Vorwurf ausgesetzt, dem alle Frauen in ihrer Lage von jeher ausgesetzt sind: dass sie sich nur deswegen einem alten, langweiligen Mann an den Hals werfen, weil sie sozial aufsteigen wollen. Und nicht bei jeder Frau lässt sich dann im Nachhinein und nach langem Suchen eine adelige Abstammung entdecken wie bei Catherine, »The Duchess of Cambridge«, der aktuellen Ehefrau von Prinz William Mountbatten-Windsor, ehemals Kate Middleton.

Leider hielt die Liebe von »Tatjana & Foffi« dem gesellschaftlichen Gegenwind nicht stand. Von allen Seiten böse kommentiert und lächerlich gemacht, schwanden die Gefühle des Paares füreinander, trotz vieler gemeinsamer Interessen wie Ausgehen, Fotografiertwerden, In-Sportwagen-Einsteigen und Aus-Sportwagen-Aussteigen. Die Heirat fand nicht statt.

Vor dem achtzehnten Jahrhundert erschien die Idee, man könne einander aus Liebe heiraten, absurd. Ehen wurden arrangiert, um die Besitzstände der Familie zu wahren und um eine legitime Thron- und Erbfolge zu gewährleisten. Geliebt hat man natürlich trotzdem, aber nicht unbedingt den Ehegatten. So haben sich Ende des achtzehnten Jahrhunderts Johann Wolfgang von Goethe und Charlotte von Stein geliebt, obwohl Charlotte, als sie Goethe kennenlernte, bereits verheiratet war und sieben Kinder zur Welt gebracht hatte. Noch heute spekuliert die Nachwelt, ob diese Liebe nur erotisch-platonischer Natur war oder ob sich die beiden auch körperlich näher gekommen sind. Einige Autoren vermuten, dass Frau von Stein nicht mit Goethe geschlafen haben kann, weil ansonsten ihr Ehemann, Josias von Stein, Goethe den Umgang mit seiner Frau untersagt hätte. Andere Historiker sagen, dass dies kein Argument sei, und weisen darauf hin, dass zu dieser Zeit ein Ehrenmann die sexuellen Affären seiner Ehefrau niemals kommentiert, sondern selbstverständlich vornehm übergangen habe. Manch eine italienische Dame, die sich nicht auf das Schweigen ihres Zukünftigen verlassen wollte, handelte sogar schon vor der Hochzeit die Anzahl der geduldeten Liebhaber in einem Ehevertrag aus.

Noch heute hat es sich in den kümmerlichen Resten der Aristokratie gehalten, dass man die klein gewordenen Kreise gegen eine bürgerliche Unterwanderung verteidigt. Daher kann man als Adeliger eben auch heute noch an den Grundpfeilern des eigenen Standes rütteln, indem man sich unstandesgemäß verliebt. Und das Publikum leidet mit, wenn man auf romantische Art riskiert, seinen Titel zu verlieren. Genauso leidet es mit, wenn der Liebende auf die Liebesehe verzichtet und sich den

Pflichten beugt, die seine Herkunft mit sich bringt. So durften weder Prinz Charles noch Prinzessin Anne noch Herzog Andrew, die Kinder von Königin Elizabeth II., heiraten, wen sie wollten. Doch selbst die Queen hat inzwischen eingesehen, dass man dem aristokratischen Nachwuchs von heute nicht mehr verwehren darf, aus Liebe zu heiraten, zumal das Volk dem Adel nicht mehr das Privileg zugesteht, neben der Zweckgattin oder dem Zweckgatten noch mehrere Gigolos oder Mätressen zu halten. Wenn es also der romantische Zufall will, dass sich einer ihrer Enkel in die falsche Person verliebt, so wäre das sehr ärgerlich, weil sich diese Heirat kaum verhindern ließe.

**Wer knickst vor wem?**

Die Heirat des Prinzen William mit Kate Middleton, der Tochter eines Stewards und einer Stewardess, bringt einige Unordnung ins Protokoll: Weil Kate die Frau des Thronanwärters ist, müsste theoretisch selbst Prinzessin Anne vor ihr zuerst knicksen. Weil man Anne das aber nicht zumuten kann, macht man sich am Hofe bereits Gedanken, wie man das Protokoll ändern kann.

Um den Erstgeborenen Lady Dis diesen starren Regeln seiner Klasse zu entreißen, hatten sich im Herbstsemester 2001 ungewöhnlich viele junge Britinnen in St Andrews zum Studium eingeschrieben, just als dort der junge Prinz William sein Studium begann. Auf dem Campus und in den Hörsälen der schottischen Eliteuniversität sorgten sie dafür, dass sie stets ganz zufällig in seiner Nähe waren, um zur Stelle zu sein, falls der Prinz zufällig Lust hatte, sich zu verlieben. Doch leider zog er in eine Studenten-WG, in der zufällig die junge Kunstgeschichtsstudentin Kate

Middleton wohnte, und so ergab es sich, dass sie zusammen lernten, und beim gemeinsamen Lernen kamen sie sich näher. Und am Ende waren Kate und William ganz zufällig und ganz romantisch verliebt.

In Deutschland besitzt kaum noch eine Liebe derart viel Sprengstoff, um die gesellschaftliche Ordnung ernsthaft zu gefährden (außer vielleicht die homosexuelle Liebe im oberbayerischen Altötting). Heute kann man weder mit einer wilden noch mit einer legalen Ehe gegen die Konventionen aufbegehren. Die einzige Möglichkeit, romantisch zu leben und zu lieben, bestünde darin, jemanden zu heiraten, von dem alle denken, dass man diese Person nun wirklich nicht heiraten kann – so wie es beispielsweise Tatjana und Ferfried versucht haben. Wer aus romantischen Gründen heiratet, merkt das daran, dass sehr viele Leute etwas dagegen haben. Eine romantische Hochzeit durchkreuzt die Pläne der Eltern, verärgert Freunde und erstaunt die Kollegen.

»Das Gefühl braucht Opposition. Wenn man schon aus Liebe heiratet, sollten wenigstens die Eltern dagegen sein.«
*Hermann Bahr, österreichischer Essayist*

Die heimliche Hochzeit in Dänemark mit dem zwanzig Jahre jüngeren Liebhaber oder der trockenen Alkoholikerin wird sicher nicht von allen Freunden mit großem Jubel begrüßt. Was auch niemandem so richtig gut gefällt: eine Hochzeit mit einem Mitglied von Scientology oder einem stadtbekannten Heiratsschwindler. Irre romantisch war auch die Aktion der Therapeutin Tamar Segal, die dem als untherapierbar geltenden Frauenmörder Thomas Holst erst zur Flucht aus der forensischen Abteilung eines Hamburger Krankenhauses verhalf und ihn anschließend im Untersuchungsgefängnis unter strenger Aufsicht durch das Sicherheitspersonal heiratete. Derart viel Romantik ist natürlich nicht jedermanns Geschmack. Romantik ist anstrengend, und es gibt gute Gründe, ein allzu romantisches Leben zu vermeiden. Ersetzen lässt sich die romantische Entscheidung für einen indiskutablen Kandidaten mit einer Romantikhochzeit samt Champagner, Kuschelmusik und Feuerwerk aber nicht.

Angesichts der Scheidungsraten ist es natürlich unsinnig und unökonomisch zu heiraten. Allein die jahrelangen Verpflichtungen, die man geschiedenen Ehepartnern gegenüber hat, können jeden Steuervorteil, den man während der Ehe vielleicht genossen hat, zunichtemachen, und da es heute sogar Menschen gibt, die sich mehrmals scheiden lassen, können daraus äußerst verzwickte Verhältnisse entstehen. Sollte der Staat daher nicht mit der Zeit gehen und jedem Bürger mindestens eine Traumhochzeit ermöglichen, ohne die unangenehme Konsequenz, also die Ehe? Genau diese Idee hatte die bayerische Politikerin Gabriele Pauli. Sie schlug vor, dass standesamtliche Ehen in Zukunft auf sieben Jahre befristet und dann in Absprache der Partner aktiv verlängert oder aufgelöst werden sollten. Ihrer Ansicht nach sei nämlich die Ehe dazu da, die Liebe zwischen zwei Menschen zu dokumentieren, und nicht, um einander Sicherheit zu bieten. Vom bürokratischen Standpunkt aus gesehen, ist dieser Vorschlag genial, er spart Kosten und verhindert Scheidungskriege. Durch ihre modern klingende, aber vollkommen absurde Begründung hat Gabriele Pauli allerdings auf den Punkt gebracht, warum dies keine Option ist: Wer heiratet, dokumentiert seine Liebe zum Partner doch gerade durch das Versprechen, dass es diesmal für immer ist! Ein Versprechen für sieben Jahre wäre halbherzig und kleinkrämerisch. Für sieben Jahre wischt sich kein Brautvater eine Träne aus dem Auge. Echte Liebe gibt es nicht auf Zeit.

Echte Liebe währt für immer, sie währt lebenslänglich. Und auch wenn dies ein unhaltbares Versprechen ist, ist das kein

Argument dafür, es niemals einem anderen Menschen zu geben. Was zählt, ist das Gefühl, diesmal könnte es möglich sein: mit diesem Mann, mit dieser Frau. Man muss ja nicht gleich den schrecklichsten Tag seines Lebens daraus machen.

---

»Die meisten Paare streiten sich über Sex«, sagte Jan-Hendrik.

»Über Sex? Warum?«, fragte Silvia.

»Weil sie keinen haben.«

Jan-Hendrik schnitt ein Stück vom Hühnchen ab und legte es mir auf den Teller. Er ist Paartherapeut, und Silvia und ich lieben die Geschichten aus seiner viel besuchten Praxis. Wir saßen zu sechst an Silvias und Götz' großem Wohnzimmertisch. Jan-Hendrik hatte seinen Freund Harald, einen Internisten, mitgebracht, und außer uns hatte Silvia noch ihre Freundin Sigrun eingeladen, die sie bei der Arbeit für eine Fernsehserie kennengelernt hatte. Sigrun kam, seitdem ich sie kannte, ohne Begleitung, und ich war froh, dass Mark heute Abend keine Zeit gehabt hatte, denn ich stellte es mir unangenehm vor, als einziger Single mit drei Paaren zu Abend zu essen.

»Komisch«, sagte Sigrun. »Warum bleibt man dann zusammen, wenn man nicht mehr miteinander schläft?«

»Neulich war sogar ein Paar bei mir, das schon seit über fünf Jahren nicht mehr miteinander schläft. Sie möchten heiraten und wollten von mir wissen, wie ich das finde.«

Harald lachte.

»Was hast du ihnen gesagt?«, fragte Sigrun.

»Auf jeden Fall nicht, dass ich sie für verrückt halte, schließlich sollen die beiden ja wiederkommen.«

Sigrun schien sich über Jan-Hendriks Antwort zu ärgern, denn sie sagte nichts mehr, nahm ihr Besteck und fing an zu essen.

»Schmeckt sehr gut, das Huhn«, lobte Harald.

»Warum muss man als Paar unbedingt Sex haben?«, fragte ich. »Wer sagt das?«

»Niemand«, gab Jan-Hendrik zu.

»Diese Leute sind nicht glücklich miteinander, das ist nicht zu übersehen.« Harald schien also auch bestens über die Klienten von Jan-Hendrik informiert zu sein.

»Ich habe neulich in der Zeitung von einer Selbsthilfegruppe gelesen, in der man Mitglied werden kann, wenn man kein oder kaum Interesse an Sex hat. Diese Leute behaupten, dass sie sich stärker diskriminiert fühlen als jede andere Minderheit in Deutschland. Weil nämlich jeder, der zugibt, dass ihm Sex keinen Spaß macht, in dieser sexualisierten Gesellschaft als krank gilt«, sagte Götz.

»Bei den meisten, die zu mir kommen, ist es aber so, dass sie schon gerne Sex hätten. Es gibt aber etwas, was ihre Lust verhindert, nämlich ihre Angst vor der echten Liebe.«

»Man bleibt lieber bei einem Menschen, den man nicht liebt, als sich zu trennen. Und mit jemandem, den man nicht liebt, mag man irgendwann auch nicht mehr schlafen«, ergänzte Harald.

»Dann dürfte ja niemand mehr Sex haben!«, rief Götz.

»Jedenfalls schauen bei den Paaren, die zu mir in die Sprechstunde kommen, neunzig Prozent der Männer heimlich Pornos.«

»Neunzig Prozent?« Silvia war entsetzt. »Hier in diesem Viertel mit den Kinderläden und den Biosupermärkten? Das ist ja krass!«

Götz verdrehte die Augen. »Doch nicht neunzig Prozent der Männer, die hier wohnen, sondern neunzig Prozent von denen, die zu Jan-Hendrik gehen. Hör doch zu!«

»Viele Beziehungen sind furchtbar, vor allen Dingen bei den Menschen, bei denen alles zu stimmen scheint. Diese Paare haben zwei Kinder und eine Eigentumswohnung und können sich mehrere Urlaube im Jahr leisten und wissen nicht, warum sie so unglücklich sind.«

Harald nahm sich noch von den Kartoffeln. Ich wusste nicht, ob ich ihn mochte, ihm sah man im Gegensatz zu Jan-Hendrik sofort an, dass er schwul war, und ich hatte manchmal das Gefühl, dass er Heterosexuelle verachtete.

»Alleinsein ist auch nicht besser«, sagte Sigrun.

Es klingelte an der Tür. »Wer ist das?«, fragte Harald. Silvia war aufgesprungen. »Eine Überraschung!«, rief sie und lief in den Flur. Wir hörten sie durch die Sprechanlage sprechen. Jemand kam die Treppe herauf, und wenige Augenblicke später stand ein großer und sehr korpulenter Mann im Wohnzimmer. Er trug eine dunkle Pelzmütze und atmete schwer, die vier Stockwerke schienen ihn geschafft zu haben. Es dauerte zwei Sekunden, bis mir klar war, dass ich diesen Menschen kannte. Der Mann neben Silvia war Benjamin.

»Benjamin ist gerade wegen einer Konferenz in Berlin!«, rief Silvia. »Und anstatt heute Abend mit seinem Institutschef essen zu gehen, ist er lieber zu uns gekommen.«

»Benjamin!« Götz umarmte ihn. »Was für eine Überraschung. Zieh deinen Mantel aus und setz dich, willst du etwas essen?«

Sigrun kannte Benjamin nicht, denn sie und Silvia hatten sich erst kennengelernt, nachdem Benjamin vor neun Jahren mit einem Forschungsstipendium für Medizin nach Kanada gegangen war. Sie wusste daher nicht, wie er früher ausgesehen hatte.

Harald war ebenfalls aufgestanden und klopfte ihm auf die Hüfte. »Hast zugelegt, was?« Neben Benjamin wirkte der etwas füllige Harald geradezu schlank.

Benjamin lachte verlegen. Dann stand er vor mir, ich streckte ihm die Hand entgegen, denn umarmen wollte ich ihn nicht. Er schien das auch nicht erwartet zu haben. Nachdem er alle begrüßt hatte, setzte er sich an das gegenüberliegende Ende des Tisches, Götz stellte einen Teller und ein Weinglas vor ihn hin.

»Erzähl, wie geht's dir in Toronto?«, forderte Harald ihn auf.

Benjamin griff nach dem Besteck und tat sich ein Stück vom Huhn und den Rest des gebratenen Gemüses auf den Teller, als käme er täglich zum Abendessen. Noch bevor er antwortete, schob er sich den ersten Bissen in den Mund.

Benjamin erzählte von der Universität, an der er jetzt lehrte, von seinem Haus, seiner Partnerin und den zwei Kindern. Ich beobachtete ihn dabei, er hatte mindestens zwanzig Kilo zugenommen, wenn nicht mehr. Sein ehemals hübsches Gesicht war aufgedunsen, und seine Haare waren ihm ausgefallen. Nur seine Augen verrieten, wie aufmerksam und intelligent er war. Ein schöner Mann war Benjamin vor zehn Jahren gewesen. Sogar mein damaliger Freund Florian hatte gemeint, dass er, wenn er eine Frau wäre, Benjamin nicht widerstehen könnte. Harald hatte bedauert, dass Benjamin heterosexuell war, Silvia hatte eine heimliche Affäre mit ihm; das haben wir jedenfalls vermutet. Alle waren wir in diesen schönen, charmanten und vielversprechenden Mann verliebt gewesen, der die Aufmerksamkeit und Zuneigung, die ihm zuteilwurde, ganz selbstverständlich hingenommen hatte, als wäre er sie von Kindesbeinen an gewohnt. Benjamin hatte Karriere gemacht. Nichts anderes hatte ich von ihm erwartet. Er und seine Frau lebten in einem alten Farmhaus im Stadtteil Scarborough. Seine Frau brauchte nicht zu arbeiten und kümmerte sich um die zwei Kinder. Er schien glücklich zu sein, denn er lachte viel, während er mit uns sprach.

»Meinst du, Mark schaut auch heimlich Pornos?«, fragte mich Sigrun plötzlich.

»Nein«, sagte ich.

»Woher weißt du das so genau?«

»Ich weiß es eben.«

»Woher willst du das wissen, ihr wohnt doch gar nicht zusammen.«

»Warum beschäftigt dich das, mich beschäftigt das nicht.« Ich wusste nicht, worauf Sigrun hinauswollte. Aber ich wollte das Thema auch nicht vertiefen, denn es ging sie doch gar nichts an, ob Mark oder ich Pornos schauten.

»Die meisten Männer schauen Pornos.«

»Wenn Mark oder ich Pornos schauen würden, würden wir es einander sagen.«

Sigrun trank einen Schluck Wein und sagte mehr zu sich selbst als zu mir: »Man kann nie in den anderen hineinschauen.«

Ich sah sie an, doch Sigrun merkte es nicht, sie starrte in ihr Weinglas. Ich stand auf und ging in die Küche, Harald und Götz waren gerade dabei, Mousse au Chocolat auf sieben kleine Schüsseln zu verteilen. »Was ist denn los?«, fragte Harald.

»Sigrun geht mir auf die Nerven. Sie behauptet, alle Männer würden Pornos schauen und wir Frauen würden das nicht mitbekommen!«

»Diese blöden Pornos, immer wenn Jan-Hendrik die erwähnt, gibt es Streit.«

»Sie unterstellt mir, dass es bei mir und Mark so ist wie bei den Leuten, die zu Jan-Hendrik in die Praxis kommen.«

»Es geht ihr nicht um die Pornos.« Harald schaute kurz zur Küchentür und sprach weiter: »Wusstest du nicht, dass Sigrun vor vier Jahren ihren Freund heiraten wollte?«

»Nein.«

»Jedenfalls kam sie eines Abends von der Arbeit nach Hause, und der Freund war aus der Wohnung ausgezogen, einfach so, von einem Tag auf den anderen. Er hatte seine Sachen mitgenommen und nur den berühmten Zettel hinterlassen. Heute ist er mit einer anderen Frau verheiratet und hat zwei Kinder.«

»Das ist ja schrecklich für Sigrun!«

»Es ist schrecklich. Und das Schrecklichste ist, dass sie mit niemandem darüber reden konnte, wie sehr sie das erschüttert hat. Es will einfach keiner hören. Die Leute sagen immer nur so blöde Sachen wie ›Sei froh, dass du den Arsch los bist‹ und ›Bau dir ein neues Leben auf‹. Jan-Hendrik hat ihr viel geholfen in der Zeit.«

Sigrun tat mir leid. Ich begriff plötzlich, wie schön es war, jemanden zu haben, auf den man sich verlassen konnte. Nicht jeden Abend in eine leere Wohnung zu kommen, nicht jeden

Samstagvormittag nach dem Einkaufen zu überlegen, wen man anrufen könnte, um nicht schon wieder das Wochenende allein zu verbringen. Sagte ein Freund oder eine Freundin eine Verabredung ab, weil irgendetwas mit den Kindern war, musste man so tun, als würde einem das nichts ausmachen. Wollte man berührt werden, musste man für Massagen bezahlen, und für jede Schraube, die in die Wand geschraubt werden sollte, hieß es, mit aufwendigen Menüs handwerklich begabte Freunde in die Wohnung zu locken. Sex kam in meinem Szenario der Einsamkeit tatsächlich erst an vierter oder fünfter Stelle. Wenn man die Sache so betrachtete, konnte man das Paar verstehen, das trotz fünfjähriger Abstinenz heiraten wollte.

»Nimm die Schüsseln und die Löffel«, befahl Götz.

Ich stellte die Schüsseln auf den Tisch, Benjamin lächelte mich an, und dadurch wurde mir bewusst, dass ich nicht gelächelt hatte. Was war nur los mit mir, so viele Abende und Nächte hatten wir zusammen verbracht. Zwei Jahre währte die Freundschaft unserer Gruppe, bevor sie sich verlief. Wir waren tanzen in unserem Lieblingsclub, hatten uns auf fremde Partys eingeschlichen und für Silvia im Kaufhaus Schuhe geklaut. Doch in seiner neuen Gestalt war Benjamin mir unangenehm, wobei ich mich fragte, ob dieses Unwohlsein nur von den fehlenden Haaren und den zusätzlichen Kilos hervorgerufen wurde.

Ich setzte mich neben Götz, Götz goss Rotwein in die leeren Gläser. »Ich möchte nicht«, sagte ich, aber es war zu spät.

Benjamin erzählte, wie er einen der Professoren seiner Universität im Labor mit einer Assistentin in einer verfänglichen Situation erwischt hatte. Sein Lachen erschien mir dreckig, seine Hände und Lippen glänzten fettig, sein Hemd spannte über dem massigen Oberkörper, und zu allem Überfluss äußerte er sich noch abfällig über den nackten Hintern der Assistentin, mit dem sie sich ausgerechnet auf seinen Arbeitsplatz gesetzt hatte. Silvia lachte über Benjamins Geschichte und legte dabei ihre Hand auf seinen Arm, sie hatte offensichtlich keine Schwierigkeiten, an die ehemalige Vertrautheit anzuknüpfen.

Plötzlich zog Benjamin sein Smartphone aus der Hosentasche, tippte darauf herum und hielt es in die Runde. »Wir haben übrigens geheiratet«, verkündete er.

Ich schaute auf das Foto. Da standen ein Mann und eine Frau in Hochzeitskleidung und waren mir so fremd, als handelte es sich um mir völlig unbekannte Leute: Benjamin, der seine über hundert Kilo in einen sehr teuren dunklen Anzug gepresst hatte, neben einer blonden, auch nicht gerade schlanken Frau im weißen Kleid vor einem Jachthafen. Ihr Schleier wehte im Wind, beide lächelten in die Kamera.

»Das ist in Downtown Toronto« erklärte Benjamin.

Er schob mit seinem Finger das nächste Bild auf das Display. »Hier sind wir im Cabrio, das wir gemietet haben.« »Herrlich«, sagte Harald in dem betont tuntigen Tonfall, den er stets anschlug, wenn er sich über etwas lustig machte. Benjamin bemerkte es nicht.

Nun hielt er sein Smartphone über den Tisch, damit sich auch Jan-Hendrik und Sigrun ein Bild von seinem Glück machen konnten. Sigrun warf einen kurzen Blick auf das Foto, dann seufzte sie und sagte: »Das freut mich für dich!«

»Und in zwei Monaten bekommen wir ein Baby, das dritte.«

Wir stießen darauf an, wie es sich gehörte. Ich schämte mich ein wenig, weil mein Glückwunsch geheuchelt war, denn tatsächlich war mir Benjamins Baby gleichgültig. Vielleicht waren meine Schuldgefühle aber ganz unangebracht, und es war normal, dass sich niemand mehr wirklich für den anderen interessierte. In unserem Alter musste man eben jemanden für sich gesichert haben, ansonsten ging man in dieser Beziehung leer aus. Nicht einmal von Silvia konnte ich ernsthaft verlangen, dass sie an meinem Leben Anteil nahm, jetzt, wo sie mit Götz zwei Kinder hatte. Manche hatten den Zeitpunkt verpasst, sich rechtzeitig nach jemandem umzusehen. Sie hatten sich auf ihren

Freundeskreis verlassen und ansonsten auf irgendeine glückliche Fügung gehofft. Eines Tages mussten sie dann staunend feststellen, dass die Freunde alle Familie hatten und sie selbst im Abseits standen. Mit einem Mal reagierten die guten Freunde auf den Vorschlag, gemeinsam in den Urlaub zu fahren, nicht mehr begeistert, sondern zögerlich. Die wenige Freizeit, die sie hatten, wollten sie lieber mit dem Partner und den Kindern verbringen. Hinter ihrem freundlichen Bedauern konnte man zudem Mitleid heraushören.

Es war wie bei einem tragischen Unfall vor Jahren auf einer Baustelle, auf der Mark als Bauleiter gearbeitet hatte. In einem Hochhaus am Potsdamer Platz sollte ein Tresor eingebaut werden. Fünf Arbeiter wurden gebraucht, um die achthundert Kilogramm schwere Tresortür an ihren richtigen Platz zu befördern. Doch kaum hatten die Arbeiter die Tür in die Senkrechte gebracht und angeschoben, begann sie zu kippen. Zu fünft hätten sie die Tür ohne Probleme halten können, doch es blieb keine Zeit sich zu verabreden. So kam es, dass vier Männer zur Seite sprangen und nur ein Mann stehen blieb und versuchte, die Tür aufzufangen. Seine Kollegen mussten mitansehen, wie er von dem Stahlkoloss zerquetscht wurde. Dieser Mann hatte sein Leben verloren, weil er noch an die Kameradschaft geglaubt hatte: Zu fünft schaffen wir das, hatte er gedacht. Er hatte sich geirrt.

Wie viele Nächte hatten wir diskutiert, wie wir leben und lieben wollten. Auf keinen Fall sollte es so werden wie bei unseren Eltern, wir wollten uns unsere Freundschaft bewahren, füreinander da sein und nicht in eine trügerische Familienidylle flüchten. Gerade Benjamin hatte gegen die Folie à deux oder à quatre gewettert, denn er hatte genau gesehen, dass die Ehe seiner Eltern nur funktionierte, weil sich seine Mutter verleugnete. Florians Lieblingsthema war die Sprachlosigkeit seiner Eltern gewesen, die, nachdem er und seine Schwester ausgezogen waren, noch augenfälliger zutage trat. Seine einsame Mutter neben ihrem stummen Ehemann waren der Grund dafür, dass er nie gerne nach Hause fuhr.

All das wollten wir überwinden. Einige von uns hatten daran geglaubt und sich nicht mit dem Erstbesten zusammengetan. Bis einige Freundinnen von mir, die Single waren, feststellten, dass sie nicht mehr so oft zu Abendessen und Partys eingeladen wurden. Sie brauchten eine Weile, um zu begreifen, was dahintersteckte: Ihre verheirateten Freundinnen hatten Angst, dass eine kinderlose Singlefrau ihnen die Ehemänner wegschnappen könnte. Diesen Verrat anzusprechen und das vor Jahren Versprochene einzufordern schien unmöglich. Es war ein noch viel größeres Tabu, als Pornos anzuschauen.

Sigrun ging als Erste, eine Stunde später verabschiedete auch ich mich. Ich war inzwischen so betrunken, dass ich mich am Treppengeländer festhalten musste, Götz war schuld daran mit seiner ständigen Nachschenkerei. Auf der Straße stolperte ich über einen vereisten Schneehaufen und fiel der Länge nach hin. Durch den stechenden Schmerz in meinem rechten Handballen war ich sofort wieder nüchtern. Hinter meinem Rücken hörte ich Jugendliche lachen, schnell stand ich auf und ging weiter, ohne mich noch einmal umzusehen. Ich wusste nicht, was genau die Ursache dafür war, die Enttäuschung über den verlorenen Zauber eines ehemaligen Freundes oder Sigruns Gesicht, als sie Benjamins Hochzeitsfoto angesehen hatte, oder meine brennende Hand – jedenfalls fühlte ich in diesem Augenblick eine etwas schäbige, aber umso heftigere Sehnsucht nach Mark.

**Leidenschaft ist eine schöne Entschuldigung**

Der häufigste Grund zu heiraten, so ergab eine aktuelle Studie der Partnervermittlung »ElitePartner«, ist der Wunsch, seine Liebe zum Partner zu beweisen. Das kreuzten jedenfalls zweiundfünfzig Prozent der Befragten an. Siebenundzwanzig Prozent wollen mit der Heirat allen zeigen, dass sie und der Partner zusammengehören. Nur dreizehn Prozent haben in dieser Studie ausgesagt, dass sie die Ehe eingehen, weil sie damit einen finanziell und sozial höheren Status erreichen. Niemand hat angegeben, dass er nur deswegen heiratet, weil er nicht allein sein kann. Man begreift schnell, dass diese Studie keinerlei Aussagekraft hat. Erstens ist der Kreis der Teilnehmer wohl kaum repräsentativ, denn wer macht schon bei einer Umfrage von »Elite-Partner« mit? Und zweitens: Wie viele dieser Teilnehmer haben ein so unverkrampftes Verhältnis zu ihren niederen Beweggründen, dass sie sich diese selbst eingestehen und sogar in einer Umfrage zugeben? Und schließlich muss man berücksichtigen, dass die meisten Menschen nicht viele reiche und berühmte Personen kennen, die bereit wären, sie zu heiraten und damit zur Statusaufwertung zu dienen. Es ist leicht, sich für die »Liebe« zu entscheiden, wenn alles andere nicht zur Debatte steht.

Heiraten ist, wie gesagt, Privatsache. Man kann aus romantischen Gründen heiraten wie im achtzehnten Jahrhundert oder aus Kalkül, wie man es lange Jahre davor gemacht hat. Im Prinzip ist jeder Grund akzeptabel – außer den Gründen auf Platz eins und zwei der »ElitePartner«-Umfrage.

## Fünf akzeptable Gründe zu heiraten

### Grund Nummer eins: Aus geistiger Umnachtung

Solange die Gefühle noch Samba tanzen, so wird auf der Website einer bekannten Familienberatung gewarnt, solle man nicht heiraten. Denn hinterher, wenn man den Partner nicht mehr durch die rosarote Brille der Verliebtheit sieht und im Alltag mit all seinen Macken und Fehlern konfrontiert wird, komme das böse Erwachen. Dabei ist Verliebtheit doch eine gute Entschuldigung für eine falsche Entscheidung. Sollte man sich irgendwann tatsächlich scheiden lassen, so werden dies die meisten von Anfang an haben kommen sehen. Und Menschen sehen es gerne, wenn ihre Ahnungen sich bestätigen.

Sich von jemandem scheiden zu lassen, den man geheiratet hat, *nachdem* man ihn im unbarmherzigen Licht des Alltags gesehen und in seiner ganzen Gewöhnlichkeit kennengelernt hat, ist dagegen schon schwerer nachzuvollziehen. Nebenbei: Unspontan und nach langer Überlegung eine schlechte Wahl zu treffen hat einfach keinen Glamour.

## Grund Nummer zwei: Aus Berechnung

Von allen Seiten wird man gewarnt: Der sicherste Weg, eine unglückliche Ehe zu führen, ist der, zu hohe Erwartungen an sie zu stellen. Ein Mensch, der aus Berechnung heiratet, stellt genau angemessene Erwartungen an die Ehe, denn er hat ja vorher ausgerechnet, wie viel er von der Verbindung zu erwarten hat und wie viel er dafür zu geben bereit ist. Eine sehr lobenswerte Vorgehensweise. Handfeste Interessen haben schon immer stärker zu einer stabilen Beziehung zwischen zwei Menschen beigetragen als flüchtige Gefühle. Es gibt übrigens Menschen, die es zu würdigen wissen, wenn man seine Interessen offen äußert. So gab die vierundzwanzigjährige Annette ein paar Jahre nach der Wende in einem Berliner Anzeigenblättchen eine Annonce auf. Sie suche einen Millionär zum Heiraten. Gemeldet hat sich der Millionär und Umzugsunternehmer Klaus Zapf, der sie prompt heiratete und eine Tochter mit ihr bekam. Er habe es interessant gefunden, erklärte Klaus Zapf Jahre später in einem Dokumentarfilm über sein Leben, dass ein Mensch klar sagt, was er möchte.

Übrigens: Wer eine Ehe aus Berechnung eingeht, richtet sein Augenmerk automatisch auf die positiven Seiten seines Partners. Alles, was sich im Alltag als weniger schlimm herausstellt als anfangs befürchtet, wird von ihm mit Erleichterung quittiert. Auch eine Haltung, die von Paar- und Familientherapeuten empfohlen wird.

## Grund Nummer drei: Wegen der Torte

»Viele Frauen heiraten nur wegen des Kleids, der Party und der Torte«, bedauerte die britische Schauspielerin Helen Mirren in einem Interview mit der »Süddeutschen Zeitung« – und danach müssten sie dann den Rest ihres Lebens mit dem Typen zusammenleben. Diese Aussage verwundert, da Helen Mirren ja nicht aus Italien kommt und daher wissen müsste, dass man sich wieder scheiden lassen kann. Noch erstaunlicher ist der logische Fehler, der ihrem Bedauern zugrunde liegt. Selbstverständlich möchten Frauen ihre Hochzeit feiern, weil sie Lust auf das Hochzeitsfest haben. Sie möchten einen Tag lang als Braut verkleidet herumlaufen und im Mittelpunkt stehen, in einer Kutsche fahren, Torte essen und dabei fotografiert werden und danach in die Flitterwochen aufbrechen. Daran ist nichts Verwerfliches, ab und zu im Mittelpunkt zu stehen ist ein Menschenrecht, Partys zu feiern auch.

Helen Mirren hat natürlich absolut recht damit, dass man deswegen nicht gleich heiraten muss. Besser wäre, man würde einfach behaupten, dass man geheiratet habe, und ein Hochzeitsfest ohne Trauschein schmeißen. Kein Gast wird auf die Idee kommen, erst die Heiratsurkunde sehen zu wollen, bevor er auf das Wohl des Paares anstößt.

## Grund Nummer vier: Um seinen Namen zu ändern

Manche haben schon ihren Nachbarn geheiratet, obwohl sie ihn nicht gut kennen, denn sie wollten nicht mehr »Schweinefest« oder »Poloch« oder »Würgt« heißen. Das deutsche Namensrecht ist unbarmherzig, nur bei schwerster seelischer Beeinträchtigung ist eine leichte Modifikation des Nachnamens erlaubt. Wer etwa mit Nachnamen »Ficken« heißt (was in Deutschland immerhin hundertachtundsiebzig Mal vorkommt) oder »Kotze« (betrifft zurzeit achtundfünfzig Personen), darf nach zähem Kampf dem Namen einen Buchstaben hinzufügen und sich ab dann »Fricken« oder »Klotze« nennen.

Sogar »Bild« platzierte einmal auf ihrer »Zehn-um-Zehn«-Liste zum Thema Heiratsgründe die Namensänderung auf Platz eins. Hierfür empfiehlt es sich jedoch, nicht gleich den Erstbesten oder die Erstbeste zu ehelichen und etwa »Schweinefest« durch »Müller« zu ersetzen.

»Heirate oder heirate nicht – du wirst es bereuen.«
*Sokrates*

### Grund Nummer fünf: Für eine Aufenthaltsgenehmigung

Die schönsten Hochzeitsfeste werden von den Menschen gefeiert, die nicht heiraten wollten. Zum Beispiel, wenn die iranische Geliebte durchs Examen gefallen ist und daher bald ihre Aufenthaltsgenehmigung verliert, die sie für die Zeit des Studiums bekommen hat. Diese Hochzeit ist unbeschwert, denn sie ist nicht belastet von der unsinnigen Frage, wie lange die Ehe wohl halten wird – versprochen hat man sich, die erforderliche Mindestzeit auf jeden Fall durchzuhalten. Es geht bei dieser Hochzeit nicht um die gemeinsame Zukunft, sondern nur um die Gegenwart: Jetzt will man mit diesem Menschen zusammen sein, und dafür ist man sogar bereit, ein Opfer zu bringen, nämlich zu heiraten.

»Ja«, sagt Hannah auf die Frage von Simon, als sie bei Currywurst und Pommes in Berlin-Kreuzberg zusammensitzen. Die Frage kommt für Hannah etwas überraschend – sie und Simon kennen sich schon lange, und eigentlich hat ihre alte Liebe keinerlei Bestätigung nötig –, doch sie begreift schnell, dass gerade das ein Grund sein könnte, warum sie beide heiraten sollten. Ihre spontane Antwort klingt wie »Warum nicht?«, erfreut, aber nicht euphorisch, ganz selbstverständlich eben.

In dem Film »Drei« von Tom Tykwer lernt man den Künstler Simon und die Kulturredakteurin Hannah in dem Moment kennen, in dem sich beide in ein und denselben Mann verlieben. Durch Adam Born lernen sie, dass sie nicht alles, was sie tun und fühlen, gesellschaftlich einordnen müssen. Ist das schon spießig, bin ich hetero- oder homosexuell, werde ich langsam wie meine Eltern? Wer über dreißig ist, sollte diese Fragen hinter sich gelassen haben und frei sein, das zu tun, wozu er Lust hat. Zum Beispiel heiraten.

Ihre Hochzeit feiern Hannah und Simon mit Freunden bei sich zu Hause mit einem ganz normalen Abendessen. Man sieht Hannah lachen, als ihr eine Freundin ein selbst gebackenes Törtchen mit brennenden Wunderkerzen reicht. Hier wird kein unnötiger Aufwand betrieben, kein Glück zur Schau gestellt und keine Harmonie vorgetäuscht, hier scheint alles echt zu sein. Die Feier ist gar nichts Besonderes und deswegen so besonders schön.

So wie Hannah würde ich gerne Ja sagen, doch ich habe den Augenblick verpasst. Seit zwei Wochen habe ich das Thema nicht mehr erwähnt, und inzwischen fürchte ich fast, dass Mark gar nicht mehr weiß, wovon ich spreche, wenn ich auf seinen Antrag zurückkomme. Ich kann mir jedenfalls nicht vorstellen, dass er geduldig wartet, bis ich in Ruhe sämtliche Vor- und Nachteile einer Ehe ermittelt und das Ergebnis außerdem mit einer ausführlichen Charakteranalyse meiner selbst abgeglichen habe. Er wird schon wissen, was es bedeutet, dass ich ihm nicht sofort um den Hals gefallen bin und Ja gesagt habe. Wer aus Liebe heiratet, braucht nicht lange zu überlegen. Auf die Frage »Liebst du mich?« sagt man schließlich auch spontan Ja; wer auch nur eine Sekunde überlegt, hat es vermasselt. Auch die Rückfrage »Was ist schon Liebe?« kommt hier nicht gut an. Natürlich weiß man, dass der Partner nicht naiv ist und sich in Bezug auf die Zuverlässigkeit menschlicher Gefühle nichts vormacht. Doch jeder möchte, dass selbst der abgeklärteste Misanthrop, sollte man einen solchen zum Lebensgefährten haben, für die eigene Person eine Ausnahme macht, nach dem Motto: Ich halte nichts von der Liebe, aber dich – dich liebe ich! Anders lässt sich nämlich das, was ich für dich empfinde, nicht beschreiben.

Wer aber spontan Ja sagen kann, für den ist die Heirat eigentlich kein großer Schritt. Man könnte sogar die These aufstellen, dass jemand, der leichten Herzens heiratet, es deswegen auch lassen könnte, weil es nicht mehr nötig ist. Eine Hochzeit zerstört vielleicht in diesem Fall die Selbstverständlichkeit. Früher wäre man auch nicht auf die Idee gekommen, zu seiner besten Freundin zu sagen, dass sie die beste Freundin ist, und schon gar nicht hätte man diesen Status mit einem großen Fest öffentlich gemacht. Man hatte erst das Bedürfnis, der Freundin zu gestehen, dass sie die beste aller Freundinnen ist, wenn ganz langsam der Verdacht auftauchte, dass sie es nicht mehr war.

»Du siehst das zu kompliziert«, sagte Jan-Hendrik in dem italienischen Restaurant bei mir in der Straße, in dem wir uns öfter trafen. Er war der erste Freund, dem ich erzählte, dass Mark mir einen Heiratsantrag gemacht hat. »Du erwartest zu viel von dir selbst. Jemanden so zu lieben, wie du das beschreibst, ist utopisch. Dann dürfte doch niemand auf dieser Welt heiraten.«

»Das klingt so resigniert!«

Die vermeintlich tiefe Einsicht, dass echte Liebe eine Utopie sei, hatte ich übrigens selbst schon des Öfteren zum Besten gegeben. Man sagt es bei Abendessen mit Freunden mit einem Glas Wein in der Hand, es klingt gut, und jeder begreift sofort, dass man es hier mit einem gebildeten und reflektierten Menschen zu tun hat, aber insgeheim hofft man natürlich, dass einem ein derart lauwarmes Schicksal erspart bleibt.

Jan-Hendrik schnitt seine Pizza Venezia in kleine Stücke und forderte mich auf mitzuessen.

»Ich kann nur noch heimlich Mehl essen, zu Hause sind jetzt glutenhaltige Speisen verboten.«

»Wer verbietet das denn?«

»Harald.«

»Seit wann denn das? Bei Silvia hat er doch ganz normal gegessen.«

»Stimmt«, sagte Jan-Hendrik, »aber letzte Woche haben sie diesen gut aussehenden Ernährungsberater in Haralds Abteilung eingestellt, seitdem gibt es bei uns nur noch Gemüse und Sojawürste.«

Ich goss uns den letzten Schluck Rotwein ein und schaute mich nach dem Kellner um.

»Jedenfalls weiß Mark, was er will. Und er hat keine Angst, dass es ihm mit dir in den nächsten Jahren langweilig wird. Das ist doch ein großes Kompliment. Bestellst du bitte noch Brot zum Salat?«

Mit dem angeblichen Kompliment konnte ich nichts anfangen. Ich glaube übrigens auch nicht, dass die meisten Menschen einander heiraten, weil sie das Gefühl haben, dass es keinen spannenderen Menschen auf Erden für sie geben könnte. Vielmehr erscheint mir das Gegenteil wahrscheinlicher: Bei jemandem, den man kennt, weiß man, woran man ist. Weitere negative Überraschungen sind unerwünscht.

»Und du? Hast du das Gefühl, dass du mit einem anderen Mann glücklicher wärst?«, fragte Jan-Hendrik.

»Eigentlich nicht.«

»Eigentlich nicht«, wiederholte er. »Übrigens geht es mir mit Harald genauso. Ich habe früher viele Freunde gehabt, in die ich verliebter war als in ihn. Aber ich weiß genau, dass mir etwas Besseres als er nicht mehr passieren wird.«

»Findest du das nicht traurig?«

Jan-Hendrik überlegte. »Ich wünsche mir jedenfalls nicht die dramatischen Auseinandersetzungen zurück und dazu diese ständige Angst, verlassen zu werden. Man hatte gar keine Ruhe, um irgendetwas gemeinsam zu erleben. Harald und ich unternehmen so viel, wir gehen ins Theater und in Konzerte, besuchen Freunde, verreisen. Und was das Wichtigste ist: Ich kann mich immer auf ihn verlassen.«

Was Jan-Hendrik da beschrieb, traf alles auch auf mich zu. Auch ich war in einige Männer verliebter gewesen als in Mark, aber das war lange her, und mit keinem dieser Männer würde ich heute zusammen sein wollen. Außerdem bedeutete Verliebtsein – auch das hatte Jan-Hendrik gut erkannt – nicht immer, dass man glücklich war. Ich war jedenfalls ziemlich glücklich, seit ich mit Mark zusammen war. Ich wusste zum Beispiel, wenn er mich am Abend abholte, dass es ein schöner Abend werden würde. Nie musste ich darum bangen, in welcher Laune er sein würde, und selten zog er sich aus unerklärlichen Gründen zurück. Immer hatte er Lust, irgendwo hinzugehen und etwas zu unternehmen. Mit ihm fühlte ich mich manchmal genau so, wie ich es mir mit anderen Männern gewünscht hatte, wie zum Beispiel an dem Sonntagnachmittag vor ein paar Wochen, als wir von einem Schneegestöber an den Karower Teichen überrascht worden waren. Wir waren Hand in Hand durch die wirbelnden Schneeflocken gelaufen und hatten das Gefühl für rechts, links, oben und unten verloren. Als wir endlich am Parkplatz angekommen waren, hatten wir uns ins Auto gesetzt und einfach nur dagesessen, ohne zu sprechen. Schön war das gewesen.

»Wollt ihr heiraten, Harald und du?«

»Nein, ich will Harald nicht heiraten, er hat mich auch nicht gefragt.«

»Ich dachte früher, dass ich niemals heiraten würde. Heiraten hat so etwas Kleinbürgerliches.«

Jan-Hendrik unterbrach mich. »Es ist aber gar nicht mehr wichtig, wie du Heiraten findest.«

»Wieso?«

Jan-Hendrik setzte sich aufrecht hin und bereitete sich auf seine Rolle als Privattherapeut vor. Silvia nervte das manchmal, dass Jan-Hendrik von einem Moment auf den anderen mit einem sprach, als wäre man seine Klientin. Mich störte das nicht. Ich fand das ziemlich praktisch, dass man in den Genuss einer professionellen Beratung kam, ohne einen Termin zu machen oder gar etwas zu bezahlen. Außerdem würde er alles, was man ihm in dieser Rolle erzählte, für sich behalten.

»Stell dir vor, Mark hätte dir keinen Antrag gemacht und du würdest mir heute Abend gestehen, dass du dir nichts sehnlicher wünschst, als ihn zu heiraten. Dann würde ich dich natürlich fragen, warum es dir so wichtig ist, verheiratet zu sein.«

»Ja, genau«, bestätigte ich.

»Ich würde von dir wissen wollen, ob du glaubst, es verbessert die Beziehung, wenn du dir von Mark schriftlich geben lässt, dass er dich liebt. Und was du davon hast, dass ihr beide einander etwas versprecht, was man gar nicht halten kann, nämlich dass ihr in zwanzig Jahren noch das Gleiche füreinander empfindet wie heute.«

»Dann soll ich Mark also nicht heiraten?«

»Doch.«

»Wie?«

Ich war wirklich gespannt, welche Begründung Jan-Hendrik anführen würde, denn bis jetzt klang es so, als würde er von der Ehe nicht viel halten, was kein Wunder war – kein Mensch geht zu einem Paartherapeuten, um ihm zu erzählen, wie glücklich er mit seiner Beziehung ist.

»Du bist wirklich schwer von Begriff heute. Da Mark dich gefragt hat, ob du ihn heiraten willst, würdest du ihn zurückstoßen, wenn du Nein sagst. Du musst also entscheiden, was dir wichtiger ist: Marks Gefühle oder deine kritische Einstellung zur Ehe.«

»Und was soll ich jetzt machen?«

»Ihn heiraten, es reicht schließlich, wenn einer dafür ist.«

»Ich soll mich also verstellen?«

»Nein, das natürlich nicht. Aber man kann seinem Partner auch mal einen Gefallen tun. Ich renne auch nicht in den Supermarkt und hole drei Kilo Weißbrot, obwohl Harald beschlossen hat, kein Weißmehl mehr zu essen.«

»Übertragen auf meine Situation, heißt das also, dass ich

Mark heiraten und dann fremdgehen soll, wenn ich das richtig verstehe?« Ich zeigte auf den leeren Brotkorb, den er komplett allein leergegessen hatte.

»Das könnt ihr machen, wie ihr wollt. Beruf dich aber bitte nicht auf mich.«

Langsam begriff ich, was Jan-Hendrik mir sagen wollte, beziehungsweise ich hatte es ja selber schon geahnt. Die meisten Probleme entstanden dadurch, dass man sich selbst zu wichtig nahm. Alles, die Liebe, der Beruf, die Frisur, musste immer hundertprozentig zu einem selbst passen, und am Schluss wusste man überhaupt nicht mehr, was man machen sollte. Irgendwann musste man sich für etwas entscheiden, ganz gleich, für was. Und wenn es die falsche Entscheidung war, konnte man hinterher immer noch überlegen, wie man da wieder rauskam.

»Auf jeden Fall ist es unhöflich, Mark wochenlang auf eine Antwort warten zu lassen, finde ich.«

Jan-Hendrik nahm seine Tasche auf den Schoß und begann, darin zu kramen. »Ich habe mein Geld vergessen, du musst mich einladen.«

# IM FESSELBALLON ODER
# AUF EINER HALLIG:
# ORTE, WO KEIN GAST FEIERN WILL

»Sigrun kommt auch«, verkündete Silvia, nachdem wir uns begrüßt hatten. »Wie schön«, sagte ich aus Höflichkeit. In Wirklichkeit ärgerte ich mich, denn eigentlich hatten wir uns an diesem Sonntagabend zu dritt treffen wollen, und ich hatte vorgehabt, ihr und Jan-Hendrik zu erzählen, dass ich vor zwei Tagen Marks Antrag angenommen hatte. Wenn Dauersingle Sigrun dabei war, war es vielleicht nicht angebracht, ausgerechnet meine Hochzeitspläne zum Thema des Abends zu machen.

Ich setzte mich neben Silvia auf einen Barhocker, auf dem Tresen stand bereits ein leeres Cocktailglas. »Rebecca, der Job in der Produktionsfirma ist grauenvoll, ich kann nicht mehr. Der Producer macht mich fertig.«

»Wieso, woran arbeitest du denn gerade?«, fragte ich.

»Ich muss einen Spielfilm umschreiben, und jeden Tag kommen neue Änderungswünsche, und die Geschichte wird immer absurder.«

Jan-Hendrik kämpfte sich durch den dicken Filzvorhang, der als Windfang vor dem Eingang hing. Die Bar war klein, und wir waren die ersten Gäste, Jan-Hendrik brauchte nur zwei Schritte zu gehen, um neben uns zu stehen. Er legte seine vollgestopfte Tasche auf einem der Hocker ab. »Kommst du direkt aus der Praxis?«, fragte ich ihn.

»Nein, aus der Bibliothek. Ich musste etwas für meinen Burn-out-Artikel recherchieren.«

Er bestellte ein Bier, Silvia stürzte sich auf ihn: »Jan-Hendrik, ich würde so gerne mit dir tauschen. Therapeut ist wenigstens ein nützlicher Beruf!«

»Na ja.«

Silvia beschrieb uns ausführlich, wie sie heute versucht hatte, ein Drehbuch nach den Anweisungen ihres Chefs zum zwölften Mal umzuschreiben: »Es ist jetzt schon völlig verhunzt. Heute hat er gesagt, dass der Onkel der weiblichen Hauptfigur nicht mehr der Onkel sein soll, sondern der Liebhaber. Aber dann funktioniert die ganze Geschichte nicht mehr, aber meinst du, ihn interessiert das?«

Sigrun stand im Eingang, sie trug ein elegantes graues Kostüm und darüber ihren knallgelben Mantel. Ich erkannte sofort, dass sie schlechte Laune hatte.

»Sigrun, was ist los?« Silvia und Sigrun gaben sich Küsschen auf die Wange.

»Ja, was ist mit dir?«, wollte auch Jan-Hendrik wissen.

»Es war so beschissen!«

»Hast du dich bei einer neuen Serie beworben?«, fragte ich.

»Ach was, ich war heute auf der Hochzeit einer Freundin.«

»Und die ist um diese Uhrzeit schon zu Ende?« Jan-Hendrik schaute auf die Uhr.

»Hätte ich auch nicht gedacht«, sagte Sigrun und setzte sich auf den Hocker, den Jan-Hendrik ihr hinschob.

»Wer hat denn geheiratet?«, fragte Silvia.

»Anke aus der Agentur, die Grafikerin mit dem Pausbacken-gesicht.«

»Kenne ich sie?«

Was für ein merkwürdiger Zufall, vorhin hatte ich beschlossen, meine Heiratspläne nicht zu erwähnen, um Sigrun zu schonen, nun war sie selbst auf einer Hochzeitsfeier gewesen. Ich war gespannt, was genau ihr an dieser Feier nicht gefallen hatte, und vermutete sofort, dass man sie in irgendwelche demütigenden Singlespiele hineingezogen oder ihr einen unappetitlichen Tischpartner zugeteilt hatte, weil der ja »auch auf der Suche ist« – und das alles in der festen Überzeugung, Sigrun damit einen Gefallen zu tun. Solche Dinge hatte ich selbst schon erlebt. Flucht war die einzige Möglichkeit, sich solchen gut gemeinten Aktionen zu entziehen.

»Ich dachte, wir wären befreundet, wie kann ich mich nur so getäuscht haben.«

»Was ist denn passiert?«

»Vor neun Wochen bekam ich eine Einladung von Anke, da stand, dass heute Mittag die Trauung auf dem Standesamt in Berlin-Charlottenburg stattfindet und dass sie und Sven anschließend zum Mittagessen im Gutshof einladen. Die Party am Abend sollte auch dort stattfinden. Ich habe mich also in Schale geworfen, wie ihr seht, und bin heute Mittag mit dem Fahrrad nach Charlottenburg gefahren. Als ich ankam, standen vor dem Standesamt circa achtzig Leute, seine und ihre Familie, nehme ich an, und fast alle aus unserer Agentur. Nach der Zeremonie haben wir im zugigen Gang des Rathauses ein Glas Sekt getrunken, und irgendwann kam Anke zu uns und verkündete, dass sie sich bei allen bedankt, die gekommen sind, und dass die Kollegen jetzt nach Hause gehen können; Freunde und Familienmitglieder sollen sich dagegen auf dem Parkplatz versammeln, von dort aus würde die Fahrt in den Gutshof organisiert.«

»Und?«, fragte ich, denn das Ganze begann mich zu interessieren.

»Ich habe mich zu den anderen auf den Parkplatz gestellt, und da nimmt Anke mich beiseite und erklärt mir, dass ich leider nicht mitkommen kann.«

Silvia lachte auf. »Das gibt es nicht, die waren so geizig, die haben nicht einmal zwei verschiedene Einladungen an die Gäste verschickt!«

Irgendetwas musste ich verpasst haben, denn ich verstand nicht, was die Einladungen damit zu tun hatten.

»Genau«, bestätigte Sigrun. »Anke hat gesagt, sie und ihr Mann – wie findet ihr das übrigens, wenn man kaum eine Stunde verheiratet ist und nicht mehr ›Sven‹ sagt, sondern ›mein Mann‹? – hätten im Gutshof Mittagessen und Catering für fünfzig Personen bestellt, und das sei nur für die Familie und enge Freunde.«

»Warum haben sie die anderen überhaupt eingeladen?«

»Eben! Nur um im Standesamt Charlottenburg in der Ecke zu stehen, fahre ich doch nicht durch die halbe Stadt«, rief Sigrun. »Einen ganzen Vormittag habe ich verschwendet, damit Anke mir erklärt, dass wir keine Freundinnen sind.«

»Jetzt weißt du es wenigstens«, meinte Jan-Hendrik.

»Wie armselig ist das denn?«, sagte Silvia. »Wer nicht genug Geld hat, um seine Freunde einzuladen, sollte nicht heiraten.«

»Oder man heiratet heimlich und lädt niemanden ein«, schlug Jan-Hendrik vor.

»Sie hat mir sogar gesagt, wie viel die Feier kostet! Das ganze Paket mit Kaffee und Kuchen und Abendessen inklusive Getränken kostet einhundertzwanzig Euro pro Person, und für mehr als fünfzig Leute könne sie sich das nicht leisten.«

Mir brach der Schweiß aus, ich hatte die Summe überschlagen und kam ungefähr auf ein Drittel meines Jahresgehalts, und das war sicher auch für eine normale Grafikerin in einer kleinen Berliner Werbeagentur eine Menge Geld. An die Unsummen, die so eine Feier kostet, hatte ich natürlich nicht gedacht, als ich vorgestern Mark am Abendbrottisch gesagt hatte, dass ich seinen

Antrag annehme. Mark und ich hatten uns geküsst und ein Glas Rotwein getrunken, über die Feier hatten wir kein Wort gesprochen. Jan-Hendrik ließ sich übrigens nicht anmerken, dass wir vor drei Tagen diskutiert hatten, ob ich Mark heiraten solle oder nicht. Ich hatte mich nicht getäuscht, er war ein Profi, und alles, was man ihm anvertraute, wurde erst wieder erwähnt, wenn man von selbst darauf zurückkam.

»Oder man sagt seinen Gästen, dass sie keine Mixer und Kaffeeservices mitbringen sollen, sondern Salate und Kuchen.«

»Gar keine schlechte Idee.«

Ich versuchte mich daran zu erinnern, wie die Hochzeiten gewesen waren, zu denen ich in den letzten Jahren eingeladen war. Die meisten hatten in Israel stattgefunden, da hatte allerdings niemand Kuchen und Salate mitgebracht.

»Traditionell zahlen die Eltern der Braut die Hochzeitsfeier«, erklärte Jan-Hendrik, »daher war es früher auch so, dass arme Familien mit mehreren Töchtern es sich nicht leisten konnten, alle unter die Haube zu bringen. Meistens musste die Älteste verzichten.«

»Ich fand es demütigend, einfach weggeschickt zu werden. Ich bin vor lauter Frust ins KaDeWe gefahren und habe Austern gegessen und Champagner getrunken.«

»Es geht immer schief, wenn man bei der Hochzeit sparen will«, bestätigte Silvia. »Letztes Jahr im Sommer hat eine Studienkollegin von mir geheiratet, und für die Hochzeitsgäste hat sie ein Picknick im Botanischen Garten veranstaltet.«

»Das klingt doch originell«, sagte Sigrun.

»Wie war das?«, fragte Jan-Hendrik. »Ich war noch nie im Botanischen Garten und wollte da schon lange mal hin.«

»Ich war gar nicht da. Sie hatte nämlich auf die Einladung geschrieben, man solle Wein und Saft mitbringen, aber auf keinen Fall den Partner.«

»Keinen Partner? Warum?«, fragte ich.

»Sie hatte das Essen selbst gekocht und wollte alles im Leiterwagen transportieren, und mehr als vierzig Gäste konnte sie nicht bewirten. Ich bin nicht hingegangen, denn ohne Götz hatte ich keine Lust. Später hat mir eine Freundin erzählt, dass von den vierzig Gästen, die eingeladen waren, nur vier gekommen sind und meine Studienkollegin auf ihrem Kartoffelsalat und ihren Würstchen sitzen geblieben ist.«

»Aber vielleicht hat deine Kollegin nur gewollt, dass ihre Gäste sich mal richtig unterhalten und nicht wieder den ganzen Abend mit dem Freund oder der Freundin zusammenhocken?«

»Ach, Quatsch!«, rief Silvia. »Bei einer Hochzeit ist es selbstverständlich, dass man die Partner und die Kinder mitbringt. Ausgerechnet an diesem Tag zu verlangen, die Familie zu Hause zu lassen, ist richtig bescheuert.«

»Das sind zwei traurige Hochzeiten gewesen«, sagte Jan-Hendrik, »aber nicht so traurig wie die Hochzeit meines besten Freundes im letzten Sommer.«

»Und, seid ihr noch befreundet?«, fragte Sigrun.

Jan-Hendrik schien Sigruns ironische Frage nicht gehört zu haben.

»Ich habe bis heute nicht verstanden, warum er sich selbst ein so schäbiges Erlebnis bereitet hat. Es hat ihn doch niemand gezwungen, zu heiraten und uns alle einzuladen.«

»Wenigstens durftest du mitfeiern.«

»Ich bin für diese Feier auch etwas weiter gefahren als du«, sagte Jan-Hendrik. »Nämlich nach Köln. Das Schlimmste an dieser Hochzeit war, dass die beiden mehr wollten, als sie sich leisten konnten. Das war ihr Fehler.«

Mir kam der Gedanke, dass dies eine Botschaft an mich sein könnte: Der ganze Abend könnte von meinen Freunden arrangiert worden sein, um mir lauter subtile Warnungen zukommen zu lassen, bloß keinen Fehler bei den Hochzeitsvorbereitungen zu machen, alles noch mal zu überdenken, das Geld und die Freunde zu zählen, nicht in den Botanischen Garten zu fahren, aber auch nicht zum Gutshof. Denn schließlich wäre es die schönste Hochzeit nicht wert, dass man dafür seine Freund-schaften riskierte. Aber das konnte nicht sein, niemand außer mir und Mark wusste bisher, was wir vorhatten.

»Erzähl schon«, bat Silvia.

»Anfang letzten Jahres hatte ich eine sehr edel aussehende Einladung im Briefkasten. ›Wir geben unsere Vermählung be-kannt‹, stand darin. Diese Ausdrucksweise kannte ich nicht von meinem Freund, und ich vermutete daher, dass seine neue Freundin aus Kreisen stammte, wo man so daherredet. Beein-druckend war auch das Programm. Zwölf Uhr Champagner-empfang im Rathaus, anschließend eine Schifffahrt auf dem Rhein, am Abend Barbecue auf einer Rheinterrasse und dazu Tanz in den Sonnenuntergang und Feuerwerk.«

»Das klingt doch ganz okay«, sagte Silvia.

»Fand ich auch, für so ein schönes Fest muss ich mir ein neues Jackett und neue Schuhe besorgen, dachte ich, aber als ich in Köln mein Hotel verließ, um zum Standesamt zu fahren, war es so kalt, dass ich in ein Kaufhaus gehen und mir einen dicken Pulli kaufen musste.«

Was folgte, war eine unglaubliche Geschichte, Jan-Hendrik er-zählte uns von einem Fest, das vielleicht sogar hätte schön wer-den können, wenn nicht ausgerechnet an diesem Tag in Köln so viel Regen gefallen wäre wie sonst in einem ganzen Monat nicht. Der Regen war schuld, dass die wackelige Planung des Brautpaa-res zusammenbrach und herauskam, dass alles Schwindel war. Im Standesamt war mitten im Juni natürlich nicht geheizt, und alle Gäste froren. Der Champagner war kein Champagner, und die versprochenen Häppchen gab es nicht, denn die waren nicht bei einem Caterer bestellt worden, sondern bei einer Freundin, und diese Freundin tauchte an diesem Tag gar nicht erst auf.

Auch die angekündigte Schifffahrt war einfach nur eine Fahrt mit einer Fähre des öffentlichen Schiffsverkehrs, und die meis-ten Gäste nahmen sowieso ihr Auto, um zum Gewerbegebiet zu kommen, in dem die Feier »auf der Rheinterrasse« stattfinden sollte. Als Jan-Hendrik mit ein paar anderen Gästen die Fähre verließ, nieselte es bereits. Sie irrten herum, bis einer von ihnen auf die Idee kam, in einem der Gebäude am Empfang nachzufragen, wo es in dieser Gegend einen Veranstaltungsraum gebe, in dem eine Hochzeit stattfinde. Zu ihrer Überraschung sagte die Frau hinter dem Empfangstresen, sie sollten einfach den Gang hinuntergehen, das letzte Zimmer sei für sie reserviert. Überall saßen Angestellte vor ihren Computern und arbeiteten. Im letzten Raum entdeckten Jan-Hendrik und die anderen tatsächlich einige Hochzeitsgäste in Abendkleidung. Sie standen barfuß oder in Strümpfen herum und unterhielten sich leise. Tische und Stühle waren an die Wand geschoben worden, unter den Tischen aufeinandergestapelte Computer. Inzwischen regnete es in Strömen, aber durch die Fenster hatte man immerhin den versprochenen Rheinblick.

Die Frau von Jan-Hendriks Freund stürmte sofort auf sie zu und gab viele Anweisungen: Sie sollten die Schuhe ausziehen, gegessen und getrunken werden durfte nur auf der Terrasse, das hieß, Gläser und Teller durften nicht in den Büroraum mit hineingenommen werden, und bis achtzehn Uhr sollten sich die Gäste ruhig verhalten, weil in den Büros nebenan noch gearbeitet würde.

Jan-Hendrik ging mit seinen Schuhen in der Hand auf die Terrasse. Dort war der Bräutigam gerade dabei, einen wackeligen alten Grill aufzustellen. Jan-Hendrik und sein alter Studienkollege Peter bekamen von ihm die Aufgabe, die Tischdecken mit Tesafilm an den Bierbänken festzukleben, was nicht einfach war, denn die Papierdecken wurden immer wieder von heftigen Windböen erfasst. Trotz der über den Tischen aufgestellten Partyzelte war alles binnen kürzester Zeit komplett durchnässt, die Papiertischdecken, der Blumenschmuck, die Törtchen. Die Tischkarten schwammen bereits im Rhein, Jan-Hendrik und Peter flüchteten ins Haus, dort hatte sich inzwischen der Rest der Hochzeitsgesellschaft eingefunden. In dem Büroraum herrschte eine Atmosphäre wie in einem überfüllten Wartezimmer. Trotzdem schlug Jan-Hendrik seinem Freund vor, drinnen zu essen, doch der fragte nur entsetzt: »Was denn? Wir wollten doch grillen!«

Die Braut hielt im Flur eine kleine Ansprache: »Ich bitte euch, stellt keine Teller und Gläser auf den Tischen ab und achtet auf eure Kinder, nicht dass Getränke auf Computer oder Kopierer gegossen werden. Die Büroräume, außer dem, den mein Chef für uns reserviert hat, dürfen nicht betreten werden. Ab achtzehn Uhr können wir Musik machen und die Waschräume benutzen. Und haltet eure Weingläser fest, auf den Teppich dürfen keine Flecken kommen.«

Die Schüsseln mit den Salaten wurden hereingebracht, die die Gäste im Stehen von Papptellern essen mussten. Plötzlich wurde der Regen noch heftiger. Der Wind riss an allem, was nicht niet- und nagelfest war, der Grill fiel um, Geschirr flog von den Tischen und zerbrach. Wenige Sekunden später hörte man einen Schrei.

Einen Moment später sah die Gesellschaft die Braut auf die Terrasse stürzen. Der Sturm zerriss ihre Frisur, sie klammerte sich an eines der Partyzelte, das sich aufblähte, sich zu einem Trapez verbog und dann wieder in sich zusammenfiel. Die Braut versuchte, eine Schnur zu lösen, und plötzlich stand ihr Mann neben ihr, und gemeinsam versuchten sie, das Partyzelt zu bändigen. Doch es flog über die Balustrade und fiel schließlich in den Fluss. Die Braut brach zusammen. Eine Frau stellte verbotenerweise ihr Weinglas auf dem Teppichboden ab und rannte hinaus, um zu helfen, keine Sekunde später wurde es von einem anderen Gast umgetreten. Die heulende Braut wurde aus dem Nebenraum durch den Flur in Richtung Waschräume geführt. Wie auf ein Kommando setzten sich die Gäste in Bewegung, holten ihre Schuhe aus dem Flur und rissen ihre Jacken von der Garderobe. Die meisten gingen, ohne sich von Jan-Hendriks

Freund zu verabschieden, der triefend nass in der Mitte der Empfangshalle stand. Jan-Hendrik überlegte noch, ob er nach einem Lappen suchen sollte, um den Rotweinfleck wegzuwischen, ging dann aber auch.

Silvia war erschüttert. »Die arme Braut. Aber die Schlussszene auf der Terrasse ist irre gut, die kann man vielleicht mal für einen Film verwenden.«

»Ich hatte sogar eine Rede vorbereitet, aber irgendwie habe ich den Moment verpasst, sie zu halten.«

Wir schwiegen eine Weile.

»Und was wolltest du erzählen?«, wandte sich Silvia an mich. »Du hattest doch gemeint, du musst mir unbedingt etwas sagen.«

»Ach, das war nicht wichtig«, sagte ich. »Wirklich nicht.«


## Heiraten, wo der Pfeffer wächst

Früher heiratete man in der Dorfschänke, und eingeladen wurde das ganze Dorf. Zu essen gab es, was der Wirt der Dorfschänke servierte, da brauchte man sich keine Gedanken über die Location und vegane oder glutenfreie Büfetts zu machen.

Niemand kam auf die Idee, die gesamte Hochzeitsgesellschaft nach Mallorca zu verfrachten, weil es noch lustiger wäre, sich am Strand das Jawort zu geben. Oder dass die Zeremonie an Bedeutung gewinnt, wenn die Ringe von gezähmten Delfinen oder Adlern gebracht werden. Die Hochzeit ist kein Wettbewerb, den das Paar gewinnt, dessen Fest den größtmöglichen ökologischen Fußabdruck verursacht. Warum also nicht einen Ort für die Feier wählen, den man gut kennt und der außerdem von den meisten gut zu erreichen ist? Der Vorteil eines solchen Ortes ist, dass er etwas mit einem selbst zu tun hat und den Familienmitgliedern des Partners Gelegenheit gibt, einen kennenzulernen. Das Lieblingsausflugslokal, der eigene Garten oder das Kulturzentrum nebenan sind Orte, die für entfernte Verwandte noch neu genug sind.

**Variante eins: auf dem Leuchtturm**

Leuchtturmhochzeiten sind beliebt und werden immer beliebter. Menschen, die sich in einem Leuchtturm das Jawort geben, retten einen Beruf vor dem Aussterben, den des Leuchtturmwärters. Leuchtturmwärter werden nämlich nicht mehr gebraucht, da Leuchttürme fast nur noch vom Festland betrieben werden. Aber nun haben sie eine neue Beschäftigung: So wurden beispielsweise auf Pellworm und Wangerooge bereits Tausende von Paaren von ehemaligen Leuchtturmwärtern getraut, dabei profitieren diese davon, dass der Beruf des Leuchtturmwärters irgendwie mit dem eines Schiffskapitäns assoziiert wird, von dem wiederum fälschlicherweise angenommen wird, dass er kraft seiner Autorität Eheschließungen durchführen dürfe. Doch natürlich darf er das nicht, denn ein Kapitän, der eine Trauungszeremonie durchführen will, müsste gleichzeitig Standesbeamter sein, und bis jetzt gibt es keinen einzigen deutschen Kapitän, der diese Doppelqualifikation besitzt. Doch Leuchtturmwärter erwerben jetzt reihenweise diese Zusatzqualifikation, es handelt sich hierbei höchstwahrscheinlich um die erfolgreichste Umschulungsmaßnahme in Deutschland.

Schon jetzt haben Standesleuchtturmwärterbeamte keine Termine mehr frei, dabei ist eine Leuchtturmhochzeit ziemlich langweilig. Leuchttürme stehen stets immer dort, wo sonst nicht viel steht, es ist also meist ziemlich umständlich, dort hinzukommen. Ist man am Turm, steigt man rauf, und oben angekommen, amüsiert man sich ein ganz kleines bisschen. Und weil auf der Aussichtsplattform wenig Platz ist, dürfen die meisten Hochzeitsgäste unten warten.

### Variante zwei: in der Karibik

Teurer geht es nicht: Es gibt Paare, die in die Karibik fliegen, um sich dort von einem Pfarrer im Taucheranzug unter Wasser trauen zu lassen. Was die Zeremonie dadurch an Feierlichkeit gewinnt, wissen nur die Karibikheiratenden selbst. Dass ihr Leben ansonsten arm an Sensationen ist, beweisen sie allein durch die Tatsache, dass sie über das Schild lachen können, das ihnen unter Wasser nach der Trauung vor die Nase gehalten wird. Auf dem Schild steht: »Sie dürfen die Braut jetzt beatmen.«

### Variante drei: im historischen Zug

Heiraten in der Bimmelbahn, und dann wird man, töff-töff, noch einmal mit dem rollenden Standesamt im Kreis gefahren. Anschließend steigt man aus und lässt sich mit seinen Gästen vor dem Zug fotografieren. Leider haben Hochzeitspaare, die in historischen Zügen heiraten, auch die Angewohnheit, den an der Bahnstrecke Wartenden zuzuwinken und mit einer historischen Glocke zu bimmeln, so wie es Kinder tun, die mit einer

Dampflock durch den Vergnügungspark gefahren werden. Sobald die Kinder älter sind als vier Jahre, verweigert man sich normalerweise einem solchen Ansinnen und winkt demonstrativ nicht zurück. Und auch die Kinder merken in diesem Alter langsam, dass Bimmelbahnfahren ein ziemlich schales Vergnügen ist.

### Variante vier: in Grönland oder in der Wüste

Originell ist, wer etwas Abwegiges tut. Deswegen ist das, was alle machen, zum Beispiel Leuchtturmhochzeiten, eben nicht mehr originell. Also ab nach Grönland oder mitten in die Namib-Wüste. Hochzeiten sind ja eh eine Form von Nötigung, also warum nicht Familienmitglieder und Freunde nötigen, in ein Flugzeug zu steigen und an einen Ort zu fliegen, an dem sie nie sein wollten. Wer so viel Geld allein für Anreise und Übernachtung ausgeben muss, wird auch versuchen, sich auf der Feier so viel wie möglich zu amüsieren. Denn die Vorstellung, Hunderte, wenn nicht gar Tausende Euro ausgegeben zu haben, um sich für einen Abend schrecklich zu langweilen, ertragen nur sehr wenige Menschen.

»Mark, wir müssen darüber sprechen, wo und wie wir unsere Hochzeit feiern wollen.«

Es war Samstagmorgen, ich war aufgestanden und hatte Mark auf dem Balkon entdeckt. Er hatte seinen Computer auf dem Schoß und schrieb E-Mails.

»Das hat doch Zeit, wir haben noch nicht einmal einen Termin auf dem Standesamt.« Er hob kaum den Kopf.

»Nein, das hat keine Zeit!«, rief ich. »Wir müssen uns genau überlegen, was wir machen wollen und wen wir einladen, sonst wird das ein Desaster!«

Mark schaute mich irritiert an. »Warum wird das ein Desaster, wenn wir heiraten?«

»Dann erkläre mir bitte, wie du dir unsere Hochzeitsfeier vorgestellt hast.«

Mark zündete sich eine Zigarette an. »Ehrlich gesagt, ich habe mir gar nichts vorgestellt, ich habe gedacht, wir laden unsere Freunde ein, dazu ein paar Verwandte, und machen ein schönes Fest.«

»Siehst du! Und das meine ich! Das haben schon viele gedacht, dass sie einfach ein schönes Fest machen. Und am Schluss kommt keiner, und es regnet, und man kann seine Würstchen selber essen.«

»Willst du dir nicht erst einmal was anziehen und frühstücken?«

»Wir müssen alles genau planen und natürlich auch überlegen, wie wir das bezahlen wollen.«

»Du bist ja wie die Sekretärinnen in meiner alten Firma, die bereits Wochen vor einer Party überlegt haben, welche Schuhe sie anziehen.«

»Wie bitte? Du hast doch keine Ahnung!«

Wütend ging ich in die Küche. Ich setzte Teewasser auf; mich mit den Sekretärinnen von einer Altberliner Baufirma zu vergleichen war gemein. Das war typisch für ihn: Er spielte den Coolen und gab mir damit zu verstehen, dass ich hysterisch sei, dabei hatte er sich einfach noch nicht mit dem Problem beschäftigt. Aber vielleicht habe ich wirklich ein bisschen übertrieben, die vielen Horrorgeschichten übers Heiraten, die ich in den letzten Wochen gehört hatte, schienen mir nicht gutgetan zu haben.

Dann sah ich, dass Mark Croissants gekauft hatte, ich nahm eines aus der Tüte und biss hinein. In der nächsten Sekunde stand er hinter mir und umarmte mich: »Du bist aufgeregt, das ist süß.«

»Ich bin nicht aufgeregt«, widersprach ich, »aber eine Hochzeit muss man eben vorbereiten.«

Während des Frühstücks überlegte ich, was in einer Ehe wichtiger ist: dass man sich geliebt oder dass man sich verstanden fühlt, kam aber zu keinem Ergebnis. Eines war klar: Um die Hochzeit würde ich mich kümmern müssen.

Meinem Vater hatte ich gestern Nachmittag am Telefon erzählt, dass Mark und ich heiraten wollen. »Eine wunderbare Idee!«, hatte er gerufen. Das Problem ist, dass mein Vater fast alles, was ich mache, irgendwie großartig findet. Als ich ihm damals sagte, dass ich meinen festen Job in der Werbeagentur kündigen würde, meinte er: »Richtig so, das hast du nicht nötig, dass du jeden Tag zu diesen Leuten hinrennst.« Vor ein paar Jahren gestand ich ihm, dass ich keine Kinder haben will, daraufhin meinte er ebenfalls, dass dies ein guter Beschluss sei, weil ich es nicht nötig hätte, Kinder zu bekommen. Bis heute weiß ich nicht genau, was er damit meint, dass ich Dinge, die für die meisten Menschen selbstverständlich sind, nicht nötig hätte. Wenn ich ihm erzählen würde, ich hätte meine Wohnung gekündigt und lebte von heute an auf der Straße, würde er vermutlich auch sagen, dass das eine wunderbare Entscheidung sei, da ich einen festen Wohnsitz nicht nötig hätte.

»Wir machen ein einfaches Fest«, hatte ich gesagt.

»Ein einfaches Fest, eine tolle Idee, das werde ich gleich Maria erzählen«, erwiderte er.

Doch seit gestern Abend war mir bewusst, dass so ein einfaches Fest eben alles andere als einfach ist. Zu einer Hochzeit musste man sämtliche Freunde einladen, denn allen, die man nicht einlud, sendete man eine deutliche Botschaft, ob man wollte oder nicht. Die Botschaft lautete: Du gehörst nicht dazu; wir kennen uns, du bist aber für uns nicht wichtig genug, um am »schönsten Tag unseres Lebens« dabei zu sein. Ein Verweis auf eine zu kleine Wohnung oder ein zu kleines Budget verbot sich – an seinem Hochzeitstag durfte man nicht knickrig sein. Denn wer seine Hochzeit nicht feiern wollte oder konnte, brauchte schließlich nicht zu heiraten. Wer es trotzdem tat, war ein Sparfuchs und heiratete wahrscheinlich aus steuerlichen Gründen.

Außerdem musste man auch die Partner und die Kinder der Freunde willkommen heißen, wie Silvia gestern Abend richtig angemerkt hatte, und falls die Freunde ausgerechnet an diesem Tag Besuch aus Schanghai hatten, durften sie den natürlich auch noch mitbringen. Zum Glück hatte Mark nur eine Schwester, die allerdings ging keinen Schritt ohne ihren anstrengenden, weil dauerbeleidigten Ehemann. Einladen würden wir natürlich auch Marks Eltern, seine Kinder und – um ein Zeichen zu setzen – die Mutter seiner Kinder und, damit diese sich auf unserer Hochzeit nicht so verloren fühlte, auch ihren neuen Freund und dessen Sohn.

Dann kamen mein Vater und seine Freundin Maria, dazu der Sohn von Maria nebst Frau und Tochter, schließlich war ich vor fünf Jahren auch zu deren Hochzeit eingeladen gewesen. Nicht zu vergessen meine Schwester und ihre Familie und meine Schulfreundin aus Hamburg mit ihrem Mann und den drei Kindern.

Auch meine Verwandten aus Israel würde ich einladen, obwohl die meisten meiner Onkel und Tanten sowie meine Cousinen und Cousins keine Zeit haben würden, extra für meine Hochzeit nach Berlin zu fliegen, aber zumindest meine Lieblingstante mit ihrem Mann und meine geliebte Cousine Merav mit ihren Kindern sollten dabei sein. Und meine Freundinnen

Merry und Marianne aus Tel Aviv würden sicher auch gern kommen. Gerade die israelische Verwandtschaft wäre enttäuscht, wenn es an meinem Hochzeitstag nur ein Abendessen in meiner Berliner Plattenbauwohnung gäbe. Vielleicht sollte man zwei Feste geben, eines in Berlin und das zweite in Israel. Aber kaum hatte ich das gedacht, verwarf ich die Idee wieder. In Israel, wo eine Hochzeitsfeier mit weniger als dreihundert Gästen als armselige Veranstaltung gilt, konnte ich auf keinen Fall feiern. Auch ökologische Bedenken zählen dort nicht als Argument für eine kleine, bescheidene Feier. Ich erinnerte mich an ein Fest letztes Jahr in der israelischen Botschaft in Berlin, auf dem meine Cousine Sharon eine der Anwesenden fragte, wie viele Menschen auf ihrer Hochzeit gewesen seien. Die Frau hatte mit einem strahlenden Lächeln die Zahl zweihundertsiebzig genannt. Daraufhin hatte Sharon nur ihre Augenbraue hochgezogen und mir später zugeflüstert: »Nur zweihundertsiebzig Gäste, die Arme, auf meiner Hochzeit waren fünfhundert Leute.«

Ich wusste nicht einmal, was es bedeutete, fünfhundert Leute einzuladen, wie viel Platz sie brauchten und wie viel sie aßen und tranken. Im heiratswütigen Land Israel gab es überall große Lagerhallen inklusive Personal zu mieten, in denen man die Hochzeitsmeute unterbringen konnte. Vor ein paar Jahren hörte ich im Radio die schreckliche Nachricht vom Einsturz einer solchen Hochzeitshalle: Sechsundzwanzig Menschen waren gestorben und mehr als dreihundertfünfzig Menschen verletzt. Wie es zu diesem Unglück hatte kommen können, erfuhr man erst nach und nach. Fast tausend Gäste waren zu der Megahochzeit gekommen und hatten angefangen zu tanzen, obwohl bereits erste Risse in dem Gebäude darauf hinwiesen, dass das wohl zu viel war. Durch die Erschütterungen war die Decke der mehrstöckigen Tanzhalle dann schließlich eingebrochen. Aber wenigstens hatten sich die Familien der Brautleute nicht blamiert, weil zu wenig Gäste gekommen waren.

Ich nahm Zettel und Stift und machte eine Gästeliste. Beim ersten Durchgang kam ich auf ungefähr einhundertdreißig Leute, für meine Cousine Sharon eine armselige Ausbeute, für mich eine unglaubliche Zahl.

Natürlich würden nicht alle kommen, es gab immer jemanden, der keine Zeit hatte, im Urlaub war oder dessen Kinder plötzlich erkrankten. Bei der Hochzeit von Marks Schwester hatte ein Gast sich mit den Worten entschuldigt: »Was heiratest du auch, wenn Bayern gegen Dortmund spielt.« Rechnete man noch die Berliner Gewohnheit hinzu, selbst bei wichtigen Anlässen erst am selben Tag abzusagen, wenn überhaupt, so konnte man getrost ein Drittel abziehen. Machte also dreiundachtzig Gäste.

Dreiundachtzig Gäste an langen weißen Tafeln in einem Schlossgarten. Irgendwo in Brandenburg an einem Sommertag. Das würde meinen israelischen Verwandten gefallen: eine kleine Tour über brandenburgische Städte und Dörfer, Kaffee und Kuchen in einer Dorfbäckerei an einem kleinen Platz mit Kopfsteinpflaster und dann die Trauung in einem Standesamt in einem Dorf mit einem Schloss am See. Schließlich gab es in Israel keine Dörfer mit Kopfsteinpflaster, keine Seen und keinen Wald und erst recht keine Schlösser.

Vor Augen hatte ich das Schloss Rheinsberg, dort hatten Mark und ich einmal mitbekommen, wie eine Hochzeitstafel in den Säulengängen mit Blick auf den Rosengarten und den See aufgebaut wurde. Schön hatte das ausgesehen, all die Gläser und der Blumenschmuck auf den strahlend weißen Tischdecken. Hier war Voltaire bei Prinz Heinrich und Friedrich dem Großen zu Besuch gewesen, bis sich der provokante Philosoph erst mit dem einen und dann mit dem anderen Bruder zerstritten hatte. Kurt Tucholsky war mit seiner Geliebten nach Rheinsberg gefahren und hat über dieses wundervolle Wochenende ein berühmtes Buch geschrieben. Mark und ich waren sogar einmal mit einer Kutsche durch Rheinsberg gefahren, erst hatte ich nicht gewollt, denn mir war das peinlich gewesen.»Das machen doch nur Touristen«, hatte ich gesagt, aber er meinte:»Ist doch egal, hier kennt uns keiner, und wir können tun, was uns Spaß macht.«

Im Internet stand die Telefonnummer der Schlossverwaltung. »Könn' Se sich knipsen lassen vor ditt Schloss, wir ham hier och'n Hochzeitsfotografen, der is' sehr beliebt«, sagte der Mann von der Schlossverwaltung.»Aber heiraten müssn Se woanders, in der Alten Mühle könn' Se feiern, die machen Ihnen 'ne Schlachtplatte für hundertfuffzich Gäste.«

Ich bedankte mich und legte auf. Kein Rheinsberg, kein Schloss. Wäre aber auch zu einfach gewesen. Wahrscheinlich war die Hochzeitsgesellschaft, die dort vor dem Rheinsberger Schloss erwartet worden war, die einer Promi-Hochzeit gewesen, und das Paar hatte eine Menge Geld an die Stadtverwaltung bezahlt, um im Schloss feiern zu dürfen. Was hätte Mark gestaunt, wenn er gleich vom Einkaufen zurückgekommen wäre und ich ihm erzählt hätte, dass ich das Schloss Rheinsberg für unsere Hochzeitsparty reserviert hatte. Während ich über diese nicht vorhandene Möglichkeit nachdachte, fiel mir auf, wie ideal sie war. Erstens konnte man von Berlin aus mit der Regionalbahn hinfahren, was sehr wichtig war, denn nicht alle meine Freunde besaßen ein Auto, und zweitens konnte man vor und während der Party im Schlossgarten spazieren und sogar in der Nähe schwimmen gehen. Und wer noch einen Tag länger bleiben wollte, konnte in einem der vielen Hotels, die es dort gab, übernachten.

Aber vielleicht musste es nicht gleich ein Schloss sein, ein Gutshof irgendwo in Brandenburg reichte eigentlich auch. Es gab sicher eine Menge Gutshofbesitzer, die ihren Hof für größere Festlichkeiten zur Verfügung stellen, um das Geld für die Restaurierung zusammenzubekommen, und nicht alle von ihnen servierten Schlachtplatten.

# 4

# HEIRATEN IST TRASH

Ein klirrend kalter Sonntagnachmittag Ende Januar. Vermummte Touristen spazierten an der berühmten East Side Gallery entlang, von der Halle der $O_2$ World blinkte die Werbung für eine Pferdedressurshow. Nachdem sich letzte Woche der Traum von einer Hochzeit im Schloss Rheinsberg zerschlagen hatte, wollte ich wenigstens einmal erforschen, was sonst noch möglich war. Bei meiner Suche nach kleineren Schlössern und Gutshöfen in Brandenburg hatte ich zufällig entdeckt, dass gleich am kommenden Wochenende eine Hochzeitsmesse in Berlin stattfinden sollte, mit »Schwerpunkt auf Angeboten aus der Region«, wie es im Ankündigungstext hieß. Sich dort umzuschauen konnte nicht schaden, und wer weiß, vielleicht fiel mir während des Messebesuchs auf, was Mark und ich bei unserer Hochzeit noch bedenken mussten.

Ich bog mit dem Fahrrad in den Schotterweg hinter dem Ostbahnhof ein, von Weitem sah ich auf dem riesigen Parkplatz eine weiße Kutsche stehen, ich war also richtig. Ich schloss mein Fahrrad an einer Laterne an und suchte den Eingang. Eine Menge Menschen waren auf dem Schotterweg unterwegs, eindeutig keine Touristen. Urberliner Ehepaare mit übergewichtigen Kindern, ältere Frauen, die im Gehen rauchten, Männer mit Plastiktüten in der Hand. Was wollten diese Menschen auf einer Hochzeitsmesse? Über den Parkplatz gelangte ich hinter die Messehalle, wo sich bereits eine lange Schlange vor dem Eingang gebildet hatte. An der Hallenwand hingen zwei Dutzend schlaffe rosafarbene Ballons, der kalte Wind pfiff um die Ecke, hinter mir rotzte jemand auf den Kies. Mark lief in diesem Moment mit seinen Töchtern Schlittschuh. Heute Morgen hatte ich versucht, die beiden mit der Aussicht auf Gratisschokoladenherzchen, Rüschenkleider- und Tortenausstellung zu locken, damit ich nicht allein gehen musste, doch nun war ich froh, dass Mark kategorisch abgelehnt hatte. Fast eine Stunde lang stand ich in der Eiseskälte, die Menschen bewegten sich nur langsam vorwärts. Endlich näherte ich mich den verschmierten Gummistreifen, die den beheizten Vorraum der Halle von der Kälte trennten. Ich blieb einen Schritt zurück, denn ich wollte nicht genau zwischen den Gummistreifen warten und sie schon gar nicht im Gesicht hängen haben, doch dann wurde ich unsanft nach vorne geschubst. »Mach hinne, ich hab' lange jenuch inne Kälte gestanden«, motzte die ältere Frau hinter mir. Ich ließ sie vor, sie schob die Streifen beiseite und presste sich fest an die Wartenden vor uns. Endlich stand ich an der Kasse. »Zehn Euro«, sagte der Mann hinter dem Tresen. Auf einem Schild las ich, dass Verliebte nur neun Euro zahlen müssten, aber niemand in meiner Nähe forderte diesen Preisnachlass ein, hier war keiner verliebt. Am Eingang zur Ausstellung lagen Paletten mit eingeschweißten Katalogen auf dem Betonboden. Ein dünner Mann mit Warnweste und dreckstarrenden fingerlosen Handschuhen reichte mir einen Lageplan. Eine Frau hinter mir wollte einen der Kataloge, sichtlich genervt bückte sich der Mann und begann, an der Folie zu reißen.

Ich hatte grell geschminkte junge Mädchen erwartet, die jedem Besucher herzförmige Pralinen zur Begrüßung reichten,

dann eine üppig geschmückte Halle mit Blumen und Rüschen-
herzen, gar eine Maschine, die im Halbstundentakt rote Rosenblätter auf die Besucher herabwirbeln ließ, das ganze Spektakel
untermalt mit Hochzeitswalzern. Weiterhin hatte ich mir vorgestellt, dass mir an jedem Stand elegante Damen mit einem
Tablett voller Sektgläser entgegeneilten. Doch kein Rosenregen
und keine Musik und keine Damen empfingen mich. Rechts
neben dem Eingang knieten Bauarbeiter in der Ecke und frästen
an einem Stahlträger herum, gegen den kreischenden Lärm trugen sie Gehörschutz.

Der erste Stand war völlig verwaist. »Standesämter Berlin stellen sich vor«, hatte jemand auf das Pappschild auf dem Tresen
geschrieben. Ein Plakat zeigte ein Brautpaar, das sich vor Was-
serblasen und Korallen küsste. »Unterwasserhochzeit in Berlin-
Mitte« stand unter dem Bild, und als ich näher heranging,
konnte ich auch das Kleingedruckte lesen: »Standesamtliche
Erlebnishochzeit im AquaDom für eine Zusatzgebühr von
55 Euro«. Den AquaDom im DomAquarée kannte ich schon, ein
sensationsarmer Touristennepp. Ich blätterte in einem Katalog
und erfuhr, wo man in Berlin noch überall heiraten konnte. Im
Aquarium vor dem Nilpferdhaus, in einem stillgelegten Braun-
kohlebergwerk und im Tresorraum einer ehemaligen Bank. Der
Standesbeamte Rainer Ahnert war es, der nach einem Las-Vegas-
Besuch die Außenhochzeiten nach Deutschland gebracht hatte.
Und weil immer weniger Leute kirchlich heiraten, waren Erleb-
nishochzeiten inzwischen ein Trend. Was hatten Nilpferde und
Korallen oder Tresore mit einer Hochzeit von zwei Menschen zu
tun, wunderte ich mich. Und warum musste man eine Erlebnishochzeit veranstalten? War eine Hochzeit in einem Rathauszim-
mer mit getäfelten Decken und herrlich staubiger Amtsatmo-
sphäre kein Erlebnis? So oft hatten Mark und ich das noch nicht
erlebt, dass es uns schon langweilig wurde.

Für die Standesämter interessierte sich niemand, doch schon
am nächsten Stand mit den weißen Plastikkleidern und schwarz

glänzenden Anzügen drängten sich die Leute. Am übernächsten leuchteten Kleider in allen Farben, das schienen die Kreationen für die Gäste der Hochzeit zu sein. Aber kein Aussteller war darauf aus, die Messebesucher in beschwipste Laune zu versetzen, um sie empfänglicher für sein Angebot zu machen. Auf den Tresen rechts und links lagen lediglich kleine Stapel aus Visitenkarten bereit, vereinzelt standen auch Plastikbecher mit Salzstangen daneben. Weder für das eine noch für das andere interessierte sich jemand.

Es gab auch kleinere Messestände, in denen Einladungs- und Tischkarten angeboten wurden. An einem Gestell aus Metallstangen hing ein ausgeblichenes Plakat, auf dem eine Silvesterrakete zu sehen war, die über eine kaum erkennbare dunkle Seenlandschaft flog. »Steckt auch in Ihnen heimlich ein Romantiker?« stand auf dem Plakat geschrieben, davor saß ein Mann auf einem Klappstuhl und schnitt sich die Fingernägel.

Im ersten Quergang trat ich unwillkürlich einen Schritt zurück. Hier stellte ein Hochzeitsfotograf sein Angebot aus, und sein größtes Werk raubte mir den Atem. Lebensgroß schwebte ein dicker, junger Bräutigam über den Besuchern. Seine Füße verschwanden in einem Wolkenbündel; eindeutig ein Zitat der schäumenden Fluten, denen üblicherweise die Venus entstieg. Zu allem Überfluss war der feiste Riese geschminkt, und sein Haar sah aus wie mit Plastik übergossen. Die fleischgewordene Antithese der Göttin der Schönheit hatte ihre rechte Hand dem Betrachter entgegengestreckt, auf deren Innenfläche sich eine Braut, klein wie ein Däumling, räkelte. Verzückt schaute sie zum Mondgesicht des Riesen empor, der – die Augen halb geschlossen – die Lippen zum Kusse spitzte, bereit, seine Angetraute einzuatmen oder zu verschlucken.

Die kleineren Bilder zeigten nur den üblichen Kitsch: Brautpaare vor Rosengärten und in Ruderbooten, vor Schlössern, Weizenfeldern und Sandstränden, eingebettet in Wolkenherzen oder umrahmt von Tüllgewittern. Bräute, versunken in der Betrachtung ihres Ehemannes oder ihres eigenen Spiegelbildes auf den sanften Wellen eines Sees, Bräutigame, die vor ihren Bräuten knieten, ihre Hände küssten oder ihnen die Schuhe anzogen. Eine Frau mit einer Broschüre in der Hand sprach mich an: »Suchen Sie einen Hochzeitsfotografen?«

»Nein danke.« Ich ging schnell weiter.

Am Ende der Halle war ein Laufsteg aufgebaut, leere Klappstühle standen herum, der Boden war übersät mit Postkarten und Flyern.

»War das alles?«, fragte ich den Mann mit der Warnweste, als ich wieder am Ausgang war. Stumm wies er mit seiner schmutzigen Hand nach oben.

Auf dem oberen Treppenabsatz empfing mich das Plastikimitat eines herrschaftlichen Polstersessels, daneben ein Beistelltisch mit einer Menükarte. Hier schien es das zu geben, was ich suchte. Am ersten Messestand wurde das Schloss Fürstenberg angepriesen. Tapeziert in Bordeauxrot und geschmückt mit Jagdszenen in goldenen Bilderrahmen und einem künstlichen Kamin, imitierte der Stand ein Schlosszimmer, aus dessen Fenster man in einen Garten zu blicken schien, in dem eine lange Tafel aufgebaut war. Eine gelangweilte ältere Frau im blauen Kostüm musterte die Vorübergehenden und konnte offensichtlich niemanden ausmachen, der sich eine Hochzeit auf Schloss Fürstenberg leisten konnte. Auch mich streifte ihr Kennerblick nur kurz und befand mich keiner Ansprache für würdig.

Der nächste Stand war wie eine Tiroler Bauernstube eingerichtet, der übernächste zeigte einen Partyraum in Rosa. Zwei türkische Mädchen verteilten Kataloge, alberten und lachten miteinander. Weil sie so nett aussahen, nahm ich einen. Ein paar Meter weiter hing ein Foto einer Hochzeitsgesellschaft, die sich in einen historischen Zugwaggon gequetscht hatte. Beim Betrachten dieses Bildes fragte ich mich, warum man seine eigene Liebe derart ins Lächerliche ziehen musste, als mich ein Mann mit Fliege ansprach. »Wir haben auch Leuchtturmhochzeiten.«

»Ich heirate gar nicht.«

Von einem Spezialisten für Leuchtturmhochzeiten wollte ich nicht beraten werden. »Ach so«, entgegnete er erstaunt. »Wer heiratet denn, Ihr Sohn oder Ihre Tochter?«

Nicht ärgern, ermahnte ich mich. Wenn man sah, wie viele Teenager unter den Messebesuchern waren, die kichernd Röcke auseinanderfalteten und Ringe und Haarreifen bewunderten, konnte man wirklich auf die Idee kommen, ich sei für meine Tochter auf der Suche nach einer geeigneten Partylocation, immerhin war ich, als meine Mutter so alt war wie ich heute, bereits dreiundzwanzig Jahre alt gewesen.

Bei einem Stand mit Fotos von einem durchschnittlichen Hotel auf dem Land mit Garten und Swimmingpool blieb ich stehen. Wenigstens einmal sollte ich mich danach erkundigen, was so ein Hochzeitsservice kostete, aus diesem Grund war ich schließlich gekommen. »Und wann trauen Sie sich?«, fragte die Dame vom Stand.

»Ich weiß noch nicht«, antwortete ich. »Im Sommer vielleicht.«

»Nächsten Sommer haben wir noch etwas frei«, meinte die Dame, »darf ich Ihnen mein Angebot zeigen?«

Ich setzte mich auf einen Stuhl, die Frau ging an einen Schrank voller Ordner, zog einen heraus und legte ihn vor mir auf den Tisch. »Wir haben hier ein wunderbares Angebot für ein junges Paar. Sie kommen an Ihrem großen Tag ganz romantisch in unserer hauseigenen Kutsche direkt vom Standesamt ...«

»Keine Kutsche!«, rief ich.

»Gut.« Sie schien beleidigt zu sein. Ich fühlte mich unwohl, dabei war nur eingetroffen, was ich befürchtet hatte. Auf dieser Messe präsentierten Menschen ihre Vorstellung von Hochzeiten, die nicht meine waren, aber das hatte ich im Grunde genommen schon vorher gewusst.

»Jedenfalls ist das Standesamt nicht weit von unserem Hotel entfernt, mit dem Auto sind Sie in zehn Minuten da. Sie können natürlich auf den Hotelparkplätzen parken, ab zwanzig Pkws müssen Sie die Anzahl der Autos allerdings sechs Wochen vorher bei uns anmelden.«

Als ich nicht sofort antwortete, blätterte sie die nächste Seite um und tippte mit ihrem Finger auf eine Autobahnkarte. »Oder Sie heiraten in Berlin und kommen dann anschließend zu uns. Aber das besprechen Sie vielleicht mit Ihrem Mann.«

Sie zeigte ein anderes Foto, auf dem ein Saal zu sehen war, in dem über ein Dutzend komplett eingedeckte Tische aufgebaut waren, die Stühle mit Stuhlhussen verkleidet und mit rosafarbenen Schleifen verziert. Über der Tanzfläche hing eine Discokugel. Der Raum erinnerte mich an die Tanzhallen in Israel, dieser Festsaal konnte überall in der Welt sein. Was hatte das alles, die rosa Schleifen, die Stühle, die Kronleuchter an der Decke und die geschmacklose Tischdekoration, mit Mark und mir zu tun?

»Auf jeden Fall haben wir in unserem Festsaal Platz für einhundertsechzig Personen. Das Hochzeitsmenü ›Gourmethochzeit‹ kostet ab fünfzig Personen inklusive Getränkepauschale achtundneunzig Euro.«

Ich betrachtete die abgebildeten Schinkenröllchen, Pasteten, Schaumsuppen und garnierten Filetstückchen. Nichts davon hatte ich je gegessen oder essen wollen, und koscher sah das Ganze auch nicht aus. Wenn meine israelischen Verwandten kämen, sollte ich vielleicht wenigstens darauf achten, dass es nicht nur Schweinefleisch und hinterher Milchspeisen gibt. »Haben Sie auch vegetarische Menüs?«, fragte ich aus reiner Verlegenheit, obwohl ich wusste, dass ich meine Hochzeit niemals in ihrem Hotel feiern würde. Dann lieber Würstchen und Kartoffelsalat im Monbijoupark mitten in Berlin. Und wenn es regnete, dann gingen wir mit unseren Gästen direkt um die Ecke ins große indische Restaurant auf der Touristenmeile Oranienburger Straße, die hatten Plätze genug, und lustiger dekoriert war das Restaurant mit seinen goldenen Buddhas und Elefanten und den beleuchteten Springbrunnen auch.

»Das müsste ich erfragen, aber das ist sicher kein Problem.«
Eine Durchsage erlöste mich, die 16-Uhr-Modenschau wurde angekündigt.

Als ich unten ankam, war kein Stuhl mehr frei, und die ersten Models liefen schon über den Laufsteg. Zwanzig Minuten schritten Brautpaare in verschiedenen Brautkleidern und Anzügen vor uns auf und ab, und sosehr ich mich bemühte, ich konnte keinen Unterschied zwischen den einzelnen Outfits erkennen. Ich schaute erst wieder genauer hin, als die sogenannte Abendmode vorgeführt wurde. Selten hatte ich Gelegenheit zu erleben, wie solche Kleider an echten Menschen aussahen. Wann war man schon zu einer Party eingeladen, wo Frauen in grünen, blauen oder lilafarbenen strassbesetzten Nylonkreationen anrückten, Handtaschen und High Heels farblich perfekt dazu abgestimmt? Die männlichen Models trugen beigefarbene oder gelbe Anzüge mit Schulterpolstern und dazu spitze Halbschuhe. Die Teenager vor mir flirteten mit einem der männlichen Models. Er, nicht viel älter als sie, versuchte sich das Lachen zu verkneifen, seine Partnerin in Himmelblau zerrte ungehalten an seinem Arm. Die Models verschwanden hinter einem Vorhang, das Licht ging aus, die Discokugel drehte sich und warf bunte Lichtreflexe in den Raum. Rockige Musik erklang, DJ Rolf wurde angekündigt und kam auf den Laufsteg. Zwei Meter groß, das glitzernde, offene Hemd umspielte seinen riesigen Bauch. In der dicken Faust hielt er ein Mikrofon, dann sein Einsatz, er verzerrte sein Gesicht und warf den Kopf nach hinten: »Ich bin bei dir, wenn das Leben dich zerreißt ...«

Die Mädchen vor mir bogen sich vor Lachen, DJ Rolf kam näher, ballte die Faust, eines der Mädchen schnappte nach Luft.

»Ich halt dich fest, wenn du nicht mehr weiterweißt«, sang Rolf und ging dabei gefährlich nah an den Rand des Laufstegs, den Rhythmus des Liedes mit dem Fuß mitklopfend. Die Zuschauer, die den tappenden Fuß direkt vor der Nase hatten, rückten instinktiv ihre Stühle nach hinten, Unruhe entstand, die

Ersten packten ihre Tüten. Auch die Mädchen vor mir waren gegangen. Ich ließ den Katalog vom rosafarbenen Partyraum auf einem der leeren Stühle liegen.

»Denken Sie daran, alles steht und fällt mit der richtigen Location«, las ich auf einem der Flyer, die auf dem Fußboden lagen und mit Fußabdrücken übersät waren.

Als ich mich durch die Menschenmenge an einem der Schmuckstände vorbeiquetschte, hörte ich das Gespräch zwischen zwei Männern. »Der Laden gehört jetzt meiner Tochter, das Mädchen auf dem Katalog.«

»Die in dem Brautkleid?«

»Ja, sie modelt auch selbst.«

»Sehr hübsch. Ist sie schon verheiratet?«

»Nein, Sofia will nicht heiraten. Sie hat BWL studiert, und neben dem Brautladen hat sie noch eine Unternehmensberatung gegründet. Die braucht keinen Mann, die sorgt für sich selbst.«

Endlich war ich wieder am Ausgang, die Bauarbeiter saßen neben ihrem Pfeiler und machten Pause. »Wenn du spürst, dass du untergehst, und denkst, dass dich kein Mensch versteht ...«, hörte ich DJ Rolf noch singen, als ich die Gummistreifenschleuse passierte.

In unserem türkischen Frühstückscafé las ich in der Zeitung, dass Patrick Tinner und Johanna Lehmann letztes Jahr ihre Hochzeit bei Ikea in Lyssach-Alchenflüh gefeiert haben. Weil sie fanden, dass das Möbelhaus mit seinen fröhlichen Möbeln so gut zu ihnen passte. Erst hatte er ihr im Shoppingcenter über Lautsprecher einen Heiratsantrag gemacht, kurz danach hatten sie die Einladungen verschickt.

Was mir auf den ersten Blick vollkommen abwegig erschien, erwies sich bei genauerer Betrachtung als die ideale Lösung. Jeder, der sich mit der Planung einer Hochzeit beschäftigt, wird früher oder später darauf kommen, dass er eine Umgebung braucht, in der sich die Gäste beschäftigen können, und dass die

Art dieser Beschäftigung mit den Interessen von Drei- bis Achtzigjährigen kompatibel sein muss. Das Einrichtungshaus Ikea erfüllte all diese Bedingungen. Bei Ikea konnte man einkaufen, während sich die Kinder im Bällebad vergnügten, am Abend würden sie, anstatt zu quengeln, in der Kinderabteilung vor den Fernsehern einschlafen. Außerdem war Ikea immer gut zu erreichen, sowohl mit dem Auto als auch mit den öffentlichen Verkehrsmitteln, und es machte auch nichts, wenn es draußen regnete. So harmlos kamen sie daher, Patrick und Johanna, in Wirklichkeit waren sie Genies!

Und das Beste: Jeder konnte die Partylocation interpretieren, wie er wollte. Die einen würden glauben, man habe es ironisch gemeint, und es deswegen witzig finden, andere würden merkwürdig berührt sein, dann aber doch zufrieden von dannen ziehen, weil sie an unserem Hochzeitstag ihre lang geplanten Ikeaeinkäufe erledigen konnten. Nur Marks Eltern würden es nicht toll finden. Die beiden waren ausgesprochene Gourmets und gaben viel Geld für Restaurantbesuche und Weinreisen aus. Marks Vater würde sicher keinen Wein trinken, der aus der Weinkaraffe »Lönsam« ausgeschenkt wurde. Aber darauf konnte ich keine Rücksicht nehmen. Sie sollten froh sein, dass ich nicht noch DJ Rolf engagieren würde.

# FÜR MASOCHISTEN ZU KRASS: HOCHZEITSSPIELE

Fast genauso wichtig für das Gelingen eines Hochzeitsfestes wie die richtige Location ist das Programm. Mit einem fröhlich-biederen Alleinunterhalter und lästigen Hochzeitsspielen kann man jede Stimmung zunichtemachen.

Was man also auch plant für seine Hochzeit – niemals sollte man Spiele veranstalten. Erwachsene sind keine Kinder, jede Art von Beschäftigungsprogramm ist ein Angriff auf ihre Souveränität.

Ich habe übrigens schon als Kind Spiele gehasst. Am schlimmsten fand ich es, wenn ich anlässlich des Geburtstages einer Klassenkameradin mit einem Luftballon am Fuß zu lauter Rockmusik im Wohnzimmer herumhüpfen musste, dabei nach den Ballons der Mithüpfenden zu treten hatte und gleichzeitig aufpassen sollte, dass der eigene Ballon nicht zertreten wurde. Ich war ein ängstliches Kind und fürchtete mich vor dem Knall eines platzenden Ballons, also tanzte ich bei diesem Spiel stets in einer Ecke mit dem Rücken zur Wand. Solche Vermeidungsstrategien waren mir an den eigenen Geburtstagen nicht gestattet, denn in unserem Wohnzimmer hatten meine Eltern ein besonderes Augenmerk darauf, wie wir uns verhielten, und sie setzten alles daran, unseren Gästen zu beweisen, dass sie mich und meine Schwester niemals bevorzugen würden.

Schon bald erkannte ich, dass das Veranstalten von Spielen im Gewand des gemeinsamen Spaßhabens daherkam, aber in Wirklichkeit eine Form der Nötigung war. Kindheit ist, gegen seinen Willen mit einem Ballon am Fuß in einer Ecke zu tanzen, in ständiger Furcht vor Kindern, die brutaler und deswegen erfolgreicher sind als man selbst.

Aber als Erwachsener ist man frei. Als Erwachsener darf man sich entwürdigenden Situationen verweigern, das heißt, man kann es ablehnen, auf eine Bühne gezogen zu werden, einen Faschingshut aufgesetzt zu bekommen, sich vor Publikum auszuziehen oder sonst wie lächerlich zu machen. Wer erwachsen ist, muss auf keinen Ballon treten, in keine Tröte blasen, kein Glas leer trinken, nicht in die Hände klatschen, wenn er das nicht will.

Da aber die Gäste einer Hochzeitsfeier darum bemüht sind, dem Brautpaar den »schönsten Tag seines Lebens« zu bereiten, werden sie von ihrem Recht, solche Zumutungen abzulehnen, nur im Notfall Gebrauch machen.

Noch grausamer ist es allerdings, dem Brautpaar aufzuzwingen, sich auf der eigenen Hochzeit lächerlich zu machen. Hier wird eine schutzlose Lage ausgenutzt, denn das unter ständiger Beobachtung befindliche Paar hat keine Möglichkeit, sich den Vorschlägen der eifrigen Verwandten und Freunde zu entziehen. Sie werden sich hüten, ausgerechnet die Menschen, die versuchen, ihre Hochzeitsfeier zu einem unvergesslichen Erlebnis zu machen, zu brüskieren.

Dabei erfüllen die meisten Spiele, die in Hochzeitsforen zur Belebung einer Hochzeitsfeier vorgeschlagen werden, gleich mehrere Straftatbestände:

## Straftatbestand Nummer eins:
## Sexuelle Belästigung

Zwei Menschen beschließen, sich von offizieller Seite absegnen zu lassen, dass sie – aus welchen Gründen auch immer – nur noch mit dem Partner sexuell verkehren und außerdem mit ihm zusammenleben wollen. (Eine durchaus fragwürdige Entscheidung, da das Zusammenleben nachweisbar die sexuelle Spannung zwischen den Beteiligten beeinträchtigt.) Würde einem dieses Bekenntnis zum gemeinsamen Geschlechtsverkehr in einem rein privaten Rahmen mitgeteilt, würde man angesichts eines solch intimen Geständnisses erschreckt zurückweichen.

Dies ist der Hintergrund jeder Hochzeit, und um diesen zu überdecken, veranstalten selbst langjährige Paare gerne eine romantische Feier. Das weiße Kleid, heliumgefüllte Luftballonherzen, die Korintherbriefe, Konfetti und Blumenschmuck haben vor allen Dingen eine Funktion: den Gedanken an Sex an diesem Tag nicht aufkommen zu lassen. Und wider Erwarten ist man als Gast gerührt und fragt sich, ob es sein könnte, dass dieser Mann und diese Frau (oder diese beiden Männer oder diese beiden Frauen) nicht nur miteinander schlafen, sondern – obwohl es doch so selten vorkommt – einander von ganzem Herzen lieben.

Diese Stimmung kann man konterkarieren, indem man die sexuelle Konnotation des Festes durch anzügliche Spiele wieder in Erinnerung ruft. »Wadenkontrolle« und »Küsseraten« machen uns unmissverständlich klar, um was es bei einer Hochzeit im Grunde geht, nämlich darum, dass die Brautleute in Zukunft ihre sexuellen Aktivitäten auf den Partner beschränken wollen und daher ab heute jede Abweichung von dieser Regel nicht erwünscht ist. Deswegen wird die Verwechslung von Körperteilen und Küssen vom Publikum erst mutwillig provoziert und anschließend mit Johlen und Grölen abgestraft. Dabei spielt es keine Rolle, ob die Person, die sich vom Bräutigam oder von der Braut die Wade betasten lassen muss, diese Intimität genießt oder nur mit Widerwillen über sich ergehen lässt. Es liegt in der Natur der Sache, dass die Gäste sich diesen Intimitäten nur schwer entziehen können, schließlich muss die Auswahl an fremden Waden und Küssen groß genug sein, damit das Spiel überhaupt gespielt werden kann.

**»Wadenraten«, »Küssequiz« – Fazit:**
Unglaublich bieder und für Menschen mit einem normal ausgeprägten Schamgefühl ziemlich unangenehm.

## Straftatbestand Nummer zwei:
### Nötigung
Noch schwerer zu ertragen als eine einmalige sexuelle Belästigung durch Bräutigam oder Braut ist die sich womöglich durch den ganzen Abend ziehende Nötigung.

Nötigung findet immer dann statt, wenn Menschen glauben, den formalen Charakter eines Hochzeitsfestes auflockern zu müssen. Durch Spiele wie »Schlumpfkontrolle« oder »Klammerjagd« sollen Hemmungen abgebaut werden. Es stellt sich nur die Frage, warum die natürliche Befangenheit zwischen Onkel Erwin und Nichte Klara-Emilia oder der besten Freundin, einer Kunsthistorikerin, und dem Schwager, Inhaber einer Gebäudereinigungsfirma, abgebaut werden soll. Befangenheit hat ja durchaus einen Sinn, signalisiert sie doch, welche Grenzen besser nicht überschritten werden sollten, da davon für beide Seiten kein positiver Effekt zu erwarten ist.

Der am häufigsten in Hochzeitsforen empfohlene Eisbrecher heißt »Schlumpfkontrolle«. Dieses Spiel gibt es zudem in vielen verschiedenen Variationen. Das Prinzip bleibt aber immer dasselbe: Nötigungen können auf Geheiß des Bräutigams oder eines anderen Spielleiters jederzeit stattfinden, und man befindet sich daher den ganzen Abend über in größter Anspannung. Stets muss man als Gast die Kontrolle darüber behalten, neben wem man sitzt oder steht, denn ertönt das Schlüsselwort (zum Beispiel »Schlumpfkontrolle«), hat man intimsten Körperkontakt zu dem Menschen rechts von sich aufzunehmen, während man gleichzeitig von der Person, die sich links von einem befindet, begrapscht wird. Gesucht werden soll ein Gegenstand (zum Beispiel ein Schlumpf), der sich naturgemäß am häufigsten am Körper desjenigen befindet, der bei diesem Spiel den geringsten Eifer an den Tag legt, also am wenigstens darauf achtet, wann ihm der Schwarze Peter zugesteckt wird.

Solche Spiele erfüllen den Tatbestand der Nötigung, und zwar aus folgendem Grund: Kann man sich bei anderen Spielen der als Spaß getarnten sexuellen Belästigungen noch entziehen (wenn auch unter Inkaufnahme des Vorwurfs, eine Spaßbremse zu sein), so ist das bei Spielen wie »Schlumpfkontrolle« nicht mehr möglich. Selbst wenn man sich weigert, auf Befehl seine Mitfeiernden nach einem Schlumpf abzutasten, hat man doch wenig Einfluss darauf, ob sich die anderen Gäste nicht mit Begeisterung auf einen stürzen, sobald sie vom Spielleiter dazu ermächtigt werden.

**»Schlumpfkontrolle«, »Klammerjagd« – Fazit:**
Können für manche Gäste den ganzen Abend zum Horror machen.

**Straftatbestand Nummer drei:**
**Ausnutzung einer Abhängigkeitssituation**
Im Mittelpunkt eines Hochzeitsfestes steht naturgemäß das Brautpaar – und genau das kann diesem zum Verhängnis werden. Zahlreiche Dienstleister und Hochzeitsausstatter bieten komplette Spielesets an, die das Brautpaar zur Belustigung seiner Gäste aufführen soll – Lachtränen seien garantiert, heißt es dazu in den Beschreibungen.

Ganz gleich, was die Brautleute veranstalten müssen und wie lange diese Tortur dauert, ob sie also auf zwei Bobbycars um die Wette fahren sollen oder ob die Braut ihre Arme durch zwei Löcher in einem Bettlaken stecken muss, damit sie ihre Hände nicht sieht, während sie ihren Bräutigam füttert – Tatsache ist, dass hier eine Abhängigkeitssituation schamlos ausgenutzt wird. Auf einem Hochzeitsfest sind die wichtigsten Protagonisten auf Gedeih und Verderb ihrem Publikum ausgeliefert. Die Gäste haben es in der Hand, ob das Fest zu einer schönen Erinnerung für sie wird oder nicht. Ein Hochzeitspaar wird sich also hüten, seine Gäste zu verärgern, und alles machen, was von ihm verlangt wird. Selbstverständlich werden Braut und Bräutigam so tun, als würden sie sich beim Bobbycar-Rennen wahnsinnig amüsieren und es superlustig finden, dass der Tausend-Euro-Anzug mit Schlagsahne ruiniert wird, denn natürlich möchten sie sich nicht nachsagen lassen, dass sie keinen Humor hätten. Und so werden noch Generationen von Forenmitgliedern unter der Rubrik »Hochzeitsspiele« eintragen: »Diese Aktion ist bei dem Brautpaar sehr gut angekommen, wir können sie daher für jede Hochzeitsfeier empfehlen :).«

**»Bobbycar-Parcours« und »Bräutigamfüttern« – Fazit:**
Haben Sie selbst immer gute Laune und sind für jeden Spaß zu haben? Schön für Sie. Allerdings können Sie diese psychische Deformation nicht bei allen Menschen beziehungsweise Brautpaaren voraussetzen.

**Straftatbestand Nummer vier:**
**Verletzung der Vertraulichkeit des Wortes**
Würde er einen Seitensprung verzeihen? Könnte sie eine Spinne aus dem Zimmer tragen, ohne zu kreischen? Hat er sich schon einmal im Suff in die Hosen gepinkelt? Kann er Versuchungen widerstehen, würde sie es glauben, wenn ihr per Mail mitgeteilt würde, sie habe in einem Schönheitswettbewerb gewonnen? ... Würde man nicht gerne selbst entscheiden, wann man wem diese Dinge erzählt? Besonders unschön ist es, wenn die eigenen

Schwächen und Macken zum Thema eines Abends werden, in den man Tausende von Euro und viele Stunden Arbeit investiert hat. Was soll man tun, wenn einen die undankbaren Gäste auf eine Bühne zerren und einem indiskrete Fragen stellen? Fragen, die derart indiskret sind, dass sie bereits ohne Antwort alles über einen verraten? Es ist offensichtlich, dass hier mit Eltern, Geschwistern, der besten Freundin und dem Ehepartner Rücksprache gehalten wurde, und man kann davon ausgehen, dass die meisten Informanten zum Zeitpunkt der Befragung nicht wussten, dass ihre Auskünfte missbraucht werden sollen. Es ist daher nicht übertrieben, von einer Verletzung der Vertraulichkeit des Wortes zu sprechen.

Das Hochzeitspaar muss den Geheimnisverrat dann ausbaden. Verweigern kann es sich dem sorgfältig vorbereiteten Ehequiz nicht, sonst steht es als Spielverderber da (siehe auch »Straftatbestand Nummer drei: Ausnutzung einer Abhängigkeitssituation«). Es bleibt also den Frischvermählten nichts anderes übrig, als sich vor ihren Gästen um Kopf und Kragen zu reden. Und Braut und Bräutigam können sich darauf verlassen, dass es im Publikum ganz Eifrige gibt, die diese peinliche Szene mitfilmen, um sie für die Ewigkeit festzuhalten.


**Das Ehequiz – Fazit:**
Menschen zu zwingen, mehr über sich zu sagen, als ihnen lieb ist, heißt, sie zu entmündigen. Das ist selbst dann unanständig, wenn diese Menschen solch ein Verhalten provozieren, indem sie zum Beispiel heiraten.

## Straftatbestand Nummer fünf:
### Erschleichen von Leistungen

Flaschendrehen, Ratespiele und Wettbewerbe, in denen die Verlierer anschließend zu bestimmten Handlungen verpflichtet werden, erfüllen nicht in jedem Fall den Tatbestand einer Belästigung und/oder Nötigung, schließlich müssen die neckischen Strafaktionen nicht sexueller Natur sein. Auf Hochzeiten sind Variationen dieser Spiele beliebt, in denen die Mitspieler, wenn sie verlieren, ihre Strafe in Form von Dienstleistungen für das Brautpaar abzuarbeiten haben. Bei Hochzeitsausstattern kann man sogar Vordrucke für solche Spiele bestellen, auf denen die Pflichten eines Verlierers vorgeschlagen und beschrieben werden: ein Jahr lang Babysitten, drei Monate zweimal wöchentlich die Wohnung putzen, der Braut zwölfmal die Füße massieren, ein Jahr lang das Auto des Bräutigams waschen, und zwar so, dass es die Nachbarn sehen, einen Sommer lang den Rasen mähen und vieles mehr.

Manchmal müssen die Gäste aber auch gar nicht spielen, um diese Verpflichtungen aufgedrückt zu bekommen, auf einigen Hochzeiten reicht schon das bloße Erscheinen, da jedem Gast automatisch Frondienste zugeteilt werden.

Es gibt sogar Hochzeitspaare, die ihre Gäste zwingen, sich den Sklavendienst selbst auszusuchen und diesen auf Postkarten zu notieren, die anschließend mit einem heliumgefüllten Ballon auf eine lange Reise geschickt werden. Damit diese Postkarten nicht einfach verloren gehen, werden auf ihnen die Finder gebeten, die Karten per Post an das Brautpaar zurückzuschicken. Jeder versprochene Dienst, der auf diese Weise seinen Weg in den Briefkasten des Brautpaares findet, kann eingefordert werden.

Die Opfer können also nur hoffen, dass ihr Ballon verloren geht. Das Brautpaar ist in jedem Fall der Verlierer: Der noch nicht aufgefundene Ballon wird für ewig zwischen ihnen und den Freunden stehen. Wird der Ballon samt Karte gefunden, ist es aber auch nicht besser: Selten ist es möglich, die versprochenen Fronarbeiten tatsächlich einzufordern. Wie soll zum Beispiel Cousine Irmelin zum Babysitten vorbeikommen, wenn sie gerade ein Praktikum in Südafrika macht?

### »Jede Woche einen Gruß« – Fazit:

Einem anderen Menschen ein Versprechen abzutrotzen bringt kein Glück. Am Ende ärgert sich sowohl die Person, die das unfreiwillig gegebene Versprechen nicht halten kann oder will, als auch diejenige, die das, was ihr versprochen wurde, nicht bekommt. Die anschließend gewährte Gnade des Straferlasses verbessert die Stimmung zwischen den beiden Parteien nicht. Und der Fußboden ist auch nicht gewischt.

---

»Kennst du die Hauptstadt von Sachsen-Anhalt?«

»Ist das nicht Magdeburg?«

»Richtig. Und weißt du, wie die Landeshauptstadt Nordrhein-Westfalens heißt?«

»Warte mal, ich glaube, Düsseldorf.«

»Genau. Viele denken ja, das sei Köln, weil Köln größer ist als Düsseldorf. Aber die größte und bekannteste Stadt ist nicht immer automatisch die Landeshauptstadt, da muss man vorsichtig sein.«

Ich war vor allen Dingen nach Hamburg gefahren, um zu sehen, wie Antje ihre Hochzeit feiern würde, und weil ich hoffte, meine Freundin Ute dort zu treffen. Antje, eine ehemalige Schulkameradin von uns, heiratete zum zweiten Mal. Ihr erster Mann war Mexikaner gewesen, den sie auf einer ihrer Südamerikareisen kennengelernt hatte. Nach der Schulzeit hatten wir uns nicht mehr oft gesehen, nur ein paarmal hatte sie mich in Berlin besucht, wenn sie wegen irgendeines Salsa-Festivals in der Stadt war. Leider kannte ich kaum jemanden auf ihrer Hochzeit, auch Ute würde nicht kommen, denn sie war verreist, was ich erst im letzten Moment erfuhr.

Weil ich keinen Tischherrn mitgebracht hatte, hatte man mich zwischen Antjes Onkel und den Landeshauptstadtexperten gesetzt, der die Frau gegenüber mit seinem Wissen beeindruckte. Antjes Onkel wühlte in seinem Lachs und sortierte unsichtbare Gräten an den Tellerrand.

»Das mit Köln und Düsseldorf, das habe ich mir mal gemerkt. Ich habe nur ein anderes Problem«, kicherte die Frau gegenüber, »ich verwechsele immer Duisburg mit Dortmund.«

»Nein«, rief mein Sitznachbar aus, »aber Duisburg und Dortmund haben doch gar nichts miteinander zu tun! Wie kann man diese beiden Städte miteinander verwechseln!«

»Vielleicht weil sie beide mit D anfangen«, vermutete die Frau.

Um nicht laut loszubrüllen, nahm ich Messer und Gabel und fing an zu essen. Ich fragte mich, ob es eine gute Idee von Antje gewesen war, ihre Gäste an eine endlos lange Tafel im Restaurant eines Hamburger Edeltennisklubs zu bitten, und woher sie diese ganzen Leute hatte, von denen die meisten nicht so aussahen, als wären sie mit Antje befreundet. Auf ihrer letzten Hochzeit war die Hälfte der Gäste Mexikaner gewesen, und eine mexikanische Band hatte es auch gegeben. Ute und ich hatten in der Scheune eines Kulturzentrums bis vier Uhr morgens getanzt und anschließend geholfen, einige Gäste aus der nahe gelegenen Alster zu ziehen, die volltrunken in ein Kanu gestiegen und gekentert waren. Danach war ein Kind vermisst und die Polizei gerufen worden, die das Kind schlafend auf einem Mantelhaufen im Flur entdeckt hatte. Ein lustiges Fest war das gewesen, jedenfalls für Ute und mich.

Der Mann neben mir langte mit seiner Hand unter den Tisch. Ich wunderte mich, was er dort unten auf dem Boden suchte, schaute und sah, wie er sich die fettigen Finger an seinen Socken abwischte. Die weiße Stoffserviette, die eigentlich dafür vorgesehen war, hatte er sich ins Hemd gesteckt. »Neulich haben wir jemanden getroffen, der konnte nicht einmal sagen, wie die Hauptstadt Saarlands heißt«, erzählte er, als seine Hand wieder auf dem Tisch lag.

Am anderen Ende der Tafel schlug ein Löffel an ein Glas, Antjes Vater war aufgestanden und hielt einen Zettel in der leicht zitternden Hand. Antje richtete sich auf, Jörg, ihr Mann, unterbrach das Gespräch mit seinem Tischnachbarn. Wenigstens hatte sie kein Brautkleid an. Sie war nicht mehr so schlank wie früher, und die mexikanische Tunika in leuchtendem Grün, die sie für diesen Tag ausgesucht hatte, stand ihr gut.

Langsam und lustlos legten die Gäste ihr Besteck zur Seite. »Ich habe auch eine Rede vorbereitet«, flüsterte mir Antjes Onkel zu. »In Gedichtform.«

»Liebe Gäste, liebe Antje, lieber Jörg, liebe Marita, lieber Bernward.«

Antjes Vater nickte in Richtung des Paares, das ihm schräg gegenübersaß, eine Frau mit dunkelrot gefärbten Haaren und ein korpulenter Mann mit einem von blauen Äderchen durchzogenen Gesicht, von denen ich schon vermutet hatte, dass sie Jörgs Eltern waren.

»Wenn zwei heiraten, dann heiraten in Wirklichkeit nicht zwei, sondern sechs Menschen. Nämlich die Brautleute und, ob es ihnen passt oder nicht, deren Eltern. Ich will gleich sagen, dass es für mich und meine Frau eine schwierige Liebe war. Als wir Jörg kennenlernten, waren wir wenig begeistert. Er schien so gar nicht zu unserer Antje zu passen mit seinen Konfirmationshosen und den Kurzarmhemden, seinen gewöhnlichen Ansichten und seinen allzu konkreten Interessen. Andererseits ist Antje kein unbeschriebenes Blatt, sie hat viel erlebt und wurde durch ihre Begeisterung für andere Kulturen unter anderem eine profunde Kennerin des südamerikanischen Machismo, der sicher aufregender ist als die norddeutsche Schmucklosigkeit, aber unleugbar auch seine schmerzlichen Seiten hat. Kurz, meine Frau und ich kamen nicht umhin, nach einer Weile festzustellen, dass der zuverlässige und treue Jörg unserer Antje guttut.«

Einige lachten, sogar Jörg. Antje saß verkrampft auf ihrem Stuhl und schaute stur geradeaus. Ich wunderte mich, dass die Gäste lachten, wo es doch offensichtlich war, dass Antje sich schämte. Hatte Antjes Vater bei ihrer ersten Hochzeit auch eine Rede gehalten? Ich konnte mich nicht erinnern. Immerhin hielt er nur ein einziges Blatt in den Händen, man konnte also davon ausgehen, dass es bald überstanden war.

»Doch dann kamt ihr, liebe Marita, lieber Bernward«, fuhr Antjes Vater fort, »mit eurem Charme und eurer Wurst. Und da wurde aus Akzeptanz wirkliche Freundschaft. Wir freundeten uns an mit eurer erfrischend direkten Art und mit euren köstlichen hausgemachten Wurstwaren. Beides hat uns nach kurzer Gewöhnungszeit begeistert.

Durch die Begegnung mit euch konnten wir uns bis dato unbekannte Universen erschließen. Das Universum der einfachen und unverbildeten Menschen und das Universum des Aufschnitts, der Knacker, Brüh- und Kochwürste und des Bratenspecks.

Und wir freuen uns daher auch, unseren Gästen ankündigen zu können, dass es heute Abend auf der Feier im ›La Cucaracha‹

eine eigenhändig von Marita und Bernward angefertigte Schlachtplatte geben wird. Ich bedanke mich bei euch jetzt schon ganz herzlich dafür!«

Auf der gegenüberliegenden Seite der Tafel und rechts neben mir wurde geklatscht.

»Durch euch haben wir die einfachen Freuden kennengelernt: Wir waren das erste Mal in unserem Leben kegeln und haben das erste Mal Schnittlauchleberwurst gegessen. Wir aßen Kassler und sprachen über Fußball, wir erfuhren, wie man Sauerkraut einlegt und was es am Nachmittag im Fernsehen zu sehen gibt. Währenddessen wuchsen uns sämtliche Pichelsdorfer an unsere cholesteringebeutelten Herzen.«

An dieser Stelle der Rede wandte sich Antjes Vater nach rechts und packte Jörg an der Schulter, der sich unter seinem schweren Griff langsam erhob. Ernst schauten sich beide Männer in die Augen.

»Wir vertrauen dir guten Gewissens unsere Antje an. Wir sind uns sicher, dass du immer für sie da sein wirst. Du wirst ihr ein Heim geben, in dem es immer genug zu essen und niemals Eifersuchtsdramen gibt. Keine Hirngespinste und überzogenen Ansprüche an das Leben, dafür Realitätssinn und Standhaftigkeit. Mit anderen Worten: die beste Voraussetzung, um miteinander glücklich zu werden.«

Antjes Vater erhob sein Glas. »Deswegen erhebt euch«, forderte er uns auf, »um mit mir auf das Glück von Jörg und Antje anzustoßen. Auf dass es lange währen möge und so ungetrübt bleibt wie Maritas und Bernwards köstliche Bratensülze. Prosit!«

Wir standen auf, Stühle quietschten, jeder griff nach seinem Glas und prostete in Richtung des Brautpaares.

Die Pichelsdorfer sind also Metzger, dachte ich, das hatte mir Antje gar nicht erzählt. Sie hatte immer nur davon gesprochen, dass Jörgs Eltern ein Unternehmen besaßen, das er bald übernehmen sollte.

Während der Rede von Antjes Vater hatte ich die Pichelsdorfer auf der gegenüberliegenden Seite beobachtet, doch niemand schien ihm seine Worte übel zu nehmen. Selbst Jörg hatte die meiste Zeit der Rede über gelächelt. Diese Familie fühlte sich offensichtlich von Antjes Vater gut beschrieben und mochte seinen Humor. Die Riege der Sechzig- bis Siebzigjährigen, die ich dem Pichelsdorfer Clan zuordnete, hatte besonders laut gelacht.

Auf meiner Seite saßen die Verwandten und Freunde von Antje, sogar ihre ehemalige mexikanische Schwägerin Maria war gekommen, vielleicht konnte ich später mit jemandem den Platz tauschen und mich mit ihr unterhalten.

»Übrigens, die älteste Kirche Deutschlands steht in Trier«, hörte ich den Mann neben mir flüstern.

»Wusste ich gar nicht«, flüsterte die Frau gegenüber zurück.

Kaum hatten wir uns wieder gesetzt, erhob sich eine ältere Dame auf der Pichelsdorfer Seite der Tafel und begann unvermittelt mit dem Vortragen einer Ballade über die Pflichten und Freuden der Ehe. Aus welchem Jahrhundert der Text war oder ob sie diesen gar selbst geschrieben hatte, vermochte ich nicht zu sagen. Am oberen Ende der Tafel begannen zwei Kellner, die Teller abzuräumen, was die Gäste sofort veranlasste, hektisch zu essen, schließlich hatten sie ihre Mahlzeit während der Rede von Antjes Vater unterbrechen müssen und waren in Verzug.

Als der Nachtisch und der Kaffee serviert wurden, begann Jörgs Mutter zu sprechen. Sie stand nicht auf, und ihre Rede war angenehm kurz. Sie freue sich sehr, dass ihr einziger Sohn eine so hübsche und begabte Frau wie die Antje gefunden habe, und sie hoffe, dass die beiden sehr glücklich würden. Dann legte sie die Hand auf den Arm ihres Mannes, der sich auf dieses Zeichen hin erhob und den beiden einen Packen Geldscheine überreichte. Das hätten sie alle gesammelt, erklärte er und winkte hinter sich, für die Hochzeitsreise nach Südamerika. Antje hatte das Bündel Geldscheine entgegengenommen und war einen kurzen Moment lang verwirrt, dann gab sie das Geld an Jörg weiter stand auf und umarmte nacheinander ihre Schwiegereltern und dann noch eine ältere Dame, die schon die Arme nach ihr ausstreckte.

Einige Gäste hatten begonnen, rhythmisch zu klatschen, Antjes Onkel rief:»Großartig!«, auch ich klatschte kurz in die Hände. Sie schienen tatsächlich Charme zu haben, die Pichelsdorfer, und ihre erfrischend direkte Art hatten wir eben miterleben dürfen. Eine kurze Rede und dann das Geld, daran gab es nichts auszusetzen.

Ein älterer Mann schrie Jörg zu:»Nicht, dass du den heißen Südamerikanerinnen verfällst!« und lachte laut über seinen Witz. Jörg lachte pflichtschuldig mit.

»Warum fahrt ihr nicht nach Paris?«, schlug eine sehr dicke, weißhaarige Frau vor, ihre Stimme wurde schrill bei dem Wort Paris.

»Ja, Paris, die Stadt der Liebe«, stimmten andere zu.

»Sie trinken gerade meinen Kaffee«, sagte die Frau neben Antjes Onkel.

»Sie können meinen haben.« Ich reichte der Frau meinen Cappuccino.

Antjes Onkel bedankte sich bei mir.

Ich wollte lieber schwarzen Kaffee, und daher suchte ich den Kellner, der bereits vier Stühle weiter Kaffee und Törtchen servierte.

Am Kopfende des Tisches entstand Bewegung, mehrere Frauen und Männer hatten angefangen, zu singen und zu schunkeln. Erst als ich mich mit meiner Tasse Kaffee in der Hand wieder setzte, hörte ich auf das, was sie sangen:»Enkel soll sie kriegen, Enkel soll sie kriegen!«, skandierten sie. Diese Botschaft war wohl an Jörgs Mutter gerichtet, die der schaukelnden Gruppe zulachte. Andere hakten sich ein, und schließlich waren alle auf der Seite des Tisches in Bewegung und forderten:»Enkel soll sie kriegen!«

Hilflos mussten wir mitansehen, wie sich die Pichelsdorfer in Rage schunkelten, ganz so, als wollten sie, dass Antje und Jörg gleich hier und jetzt die Arbeit am Nachwuchs in Angriff nahmen, will heißen, die Zeugung des Gewünschten beginnen möge.

Antjes Onkel reagierte als Erster. »Mensch«, sagte er und schaute besorgt zu seiner Nichte. In diesem Moment sprang Antje auch schon auf und lief aus dem Raum, Jörg hinterher. Diejenigen, die in der Nähe der Braut saßen, stellten ihr Schunkeln sofort ein, die Gruppe geriet aus dem Takt und rumste an mehreren Stellen zusammen.

Auch ich hatte natürlich begriffen: Jörg war der einzige Sohn von Marita und Bernward, und mit seiner Hochzeit war bei den Verwandten die Hoffnung aufgekeimt, die bis dahin von Marita schmerzlich vermissten Enkel könnten bald das Licht der Welt erblicken. Das Problem war nur, dass Antje keine Kinder bekommen konnte. Jeder, der Antje näher kannte, wusste das, denn sie hätte durchaus gern welche gehabt. Sie war auch zweimal schwanger gewesen, hatte die Kinder aber beide Male verloren. Das war eine schlimme Zeit für Antje gewesen, und ich konnte mir nicht vorstellen, dass sie Jörg das verschwiegen hatte, aber offenbar hatte er es seinen Eltern nicht erzählt.

Inzwischen hatten mehr als die Hälfte der Gäste die Tafel verlassen, Antjes Mutter saß auf ihrem Stuhl mit vors Gesicht geschlagenen Händen, Antjes Onkel stand neben seiner Schwester und redete auf sie ein. Die Frau gegenüber fragte, was los sei, ein achtjähriger Junge sammelte die Törtchen vom Tisch, Maria war nirgends zu sehen, und ich nahm an, dass sie sich um Antje kümmerte. Ich wollte ebenfalls etwas tun, aber als ich im Foyer des Tennisklubs stand, erkannte ich, dass dies aussichtslos war, denn die Gäste stauten sich vor den Toilettenräumen. Ich vermutete, dass Antje sich dort eingesperrt hatte und den Waschraum so schnell nicht verlassen würde. Ich fuhr in mein Hotel zurück.

»Wie war's?«, fragte Mark, als er mich nachts in meinem Hotelzimmer anrief. Ich saß auf dem Bett mit einer Packung Sushi und einer Flasche Weißwein aus dem Supermarkt um die Ecke.

»Ich weiß es nicht«, sagte ich, »ich war nicht auf der Party.«

»Aber warum denn nicht, deswegen bist du doch hingefahren?«

»Früher hat man die frischgetrauten Eheleute gleich ans Ehebett begleitet, die ganze Hochzeitsgesellschaft, stell dir vor. Da hat man noch gewusst, um was es geht«, meinte Mark, nachdem ich ihm von dem Mittagessen im Tennisclub erzählt hatte. »Mit einer Hochzeit feiert man schließlich öffentlich seinen Entschluss, nicht mehr in der Gegend herumzuvögeln.«

»Komisch, wenn eine Hochzeit ein Fest ist, mit dem man seine Sexualität feiert, dann sollte es etwas erotischer sein.«

»Dann dürfen die Kinder aber nicht mitkommen. Und die Eltern stören dann natürlich auch.«

Als ich aufgelegt hatte, fiel mir ein, dass Mark mit seiner Bemerkung genau erklärt hatte, warum ein Hochzeitsfest niemals erotisch ist. Der Entschluss, seine sexuellen Aktivitäten in geregelte Bahnen zu lenken, ist zutiefst unerotisch. Natürlich, so war es, es war ganz offensichtlich. Und selbst wenn keiner der beiden vor der Heirat »in der Gegend herumgevögelt« hatte, so bekam das Nichtherumvögeln in der Ehe eine andere Dimension. Es war ein fundamentaler Unterschied, ob man nicht mit vielen Menschen ins Bett ging, weil man gerade keine Lust hatte beziehungsweise andere keine Lust hatten, oder ob man es sich für alle Zeiten verbot – ganz gleich, wie viele tolle Männer und Frauen einem in Zukunft noch begegnen würden. Und als Ersatz für die wilde, irre, geile Liebe gab es dann diesen ganzen verkitschten Blödsinn, wie Gondelfahrten in Venedig, rote Rosenblätter auf dem Hotelbett, Kuschelwochenenden zum Romantiktarif, Candle-Light-Dinner bei Sonnenuntergang.

Wenn ich ehrlich war, kam mir Antjes Heirat wie eine Kapitulation vor. Als ob sie erkannt hätte, dass ihre Sehnsüchte eine Illusion waren, und sie daher die Gegenwart eines Menschen zu schätzen gelernt hatte, der diese Sehnsüchte gar nicht erst kannte. Antjes Vater hatte das in seiner Rede eigentlich ganz richtig dargestellt. Gleichzeitig schämte ich mich für meine Gedanken, denn was wusste ich schon über Antje und Jörg, wir hatten uns lange nicht mehr allein gesprochen. Und im Grunde genommen hatte auch ich meine Sehnsüchte aufgegeben – zum Glück: Früher hatte ich jedem Mann, sobald meine Gefühle für ihn nachließen, den Laufpass gegeben, inzwischen war ich glücklich darüber, mit Mark jemanden getroffen zu haben, der nicht die ganze Beziehung infrage stellte, auch wenn wir gerade genervt voneinander waren.

Bis jetzt hatte ich Mark noch nicht geheiratet. Ich hatte mir vorgenommen, keine große Sache daraus zu machen, denn schließlich würde es für unsere Beziehung keinen wesentlichen Unterschied machen, ob wir heirateten oder nicht, doch durch das Erlebnis heute Mittag kamen mir daran Zweifel. Vielleicht war es ganz und gar nicht egal, dachte ich, als ich im Dunkeln in dem unbequemen Hotelbett lag, ob man mit einem Menschen lebte, den man ganz gut ertragen konnte und manchmal sogar liebte, oder ob man ihn heiratete.

---

Mark stand in cremefarbener Anzughose und schwarzem Hemd im Flur und kämmte sich die Haare, er war mit Beatriz zum Tangotanzen verabredet. Beatriz war eine Medizinstudentin aus Bolivien, die er vor einiger Zeit im Tangoklub in der Kulturbrauerei getroffen hatte, wo er immer allein hingehen musste, da ich lateinamerikanische Musik verabscheute. Das Telefon klingelte.

»Du bist es«, sagte er und nach einer kurzen Pause: »Oh Gott« und »Wie blöd«. Er nickte mir zu, ging ins Schlafzimmer und zog die Tür hinter sich zu.

Nach einer halben Stunde lauschte ich an der Tür, Mark sprach immer noch. Inzwischen hatte ich die Wäsche in die Waschmaschine gestopft, die drei Teller abgewaschen, die noch vom Abendbrot übrig geblieben waren, die Zuckerdose und den Pfefferstreuer nachgefüllt, alles nur, weil ich wartete, dass Mark endlich die Wohnung verließ und ich meinen Abend wie geplant anfangen konnte, also Gesichtsmaske auflegen, Fußnägel lackieren, Chips essen und dabei einen Woody-Allen-Film anschauen.

Nach einer Stunde war die Schlafzimmertür immer noch zu, und ich ahnte, dass es nichts würde mit meinem Beautyabend. Ich setzte mich an meinen Schreibtisch, nahm nacheinander alle Stifte aus der Blechdose und probierte aus, ob sie noch schrieben, dann zählte ich die Briefmarken. Wenn ich nichts zu tun hatte, könnte ich doch wenigstens eine Einladung für unsere Hochzeit entwerfen. Wir wussten zwar immer noch nicht, wo und wie wir feiern wollten, aber die Daten konnten wir ja später einsetzen. Ich legte ein Blatt Papier auf den Schreibtisch und schrieb:

Liebe Familie und liebe Freunde,

Ich hielt inne, auf keinen Fall konnte man die Formulierung »Wir trauen uns« verwenden, das wäre wirklich zu peinlich, eine sachliche Ankündigung war das Einzige, was den Umständen angemessen war. »Mark und ich heiraten«, schrieb ich in die nächste Zeile, und dann wusste ich nicht mehr weiter.

Vielleicht sollte ich erst einmal in Stichpunkten notieren, was in die Einladung hinein sollte. Das Wichtigste waren das Datum und die Uhrzeit und dann natürlich der Ort. »Abendkleidung erbeten« fiel weg, bei uns konnte jeder kommen, wie er wollte. Eigentlich gab es in unserer Hochzeitseinladung nicht mehr mitzuteilen, aber ich war nicht zufrieden. Irgendetwas fehlte. Auf gar keinen Fall durfte auf unserer Hochzeit passieren, was auf Antjes Hochzeit passiert war. Ich würde am liebsten schon im Vorfeld verhindern, dass irgendeiner unserer Gäste auf die Idee kam, eine Rede zu halten, in der er womöglich intime Details unserer Beziehung zum Besten gab, die er vorher in unserem Bekanntenkreis erfragt hatte. Oder dass ein Gast peinliche Spiele vorbereitete, bei denen sämtliche Anwesenden aufgefordert waren, uns an die Wäsche zu gehen oder uns zu küssen. Insbesondere im Freundeskreis von Mark vermutete ich Menschen, die sich genau so etwas unter einer lustigen Hochzeit vorstellten. Geschenke wollte ich auch keine, und niemand sollte sich verpflichtet fühlen, vor und während der Feier unsere Gäste auszufragen und zu fotografieren, um aus diesem Material eine Hochzeitszeitung zusammenzustellen. Ich hatte mich bisher bei jeder Hochzeit erfolgreich darum gedrückt, etwas zu einer Hochzeitszeitung oder einem Hochzeitsvideo beizutragen, und ich wollte auch nicht, dass Menschen so etwas für Mark und mich machten.

Ich schaute auf meine Liste, da stand inzwischen:

- Datum, Zeit
- Ort
- Keine Spiele
- Keine Reden
- Keine Geschenke
- Keine Hochzeitszeitung oder Hochzeitsvideos

Ich ging online, um herauszufinden, ob ich etwas vergessen hatte. Nachdem ich mich durch eine Galerie von Einladungskarten mit Täubchen, Herzchen, Rosen, Schmetterlingen und Schleifchen geklickt hatte (um das Motiv auf unserer Karte musste ich mir auch noch Gedanken machen), gelangte ich zu den Textbeispielen und erkannte schnell, was das größte Problem bei Hochzeitseinladungen war: die Bitte um Geld!

Mit Entsetzen las ich die Top Ten der beliebtesten Bettelgedichte:

»Zur Hochzeit ist das Schenken Sitte,
wir haben deshalb eine Bitte.
Vom kleinen Löffel bis zum Bett
ist unser Hausstand schon komplett.
Für diesen alten Brauch,
da tut's was fürs Sparschwein auch.«

Das holprige Versmaß in der letzten Zeile unterstrich auf ungünstige Weise die Verschämtheit der Bitte, und die Sympathie, geweckt durch die klaren und offenen Worte am Anfang, löste sich in Luft auf. Umso ärgerlicher, weil das geschilderte Problem den meisten Gästen sicher bekannt sein durfte. Geschenke in unserer Wohlstandsgesellschaft sind meistens überflüssig, und natürlich weiß im Grunde jeder, dass die Großmutter einen anderen Geschmack hat als ihr Enkel und der Onkel aus der Provinz etwas anderes unter einem hübschen Mitbringsel versteht als seine Nichte aus der Stadt. Doch diejenigen, die die Poesie für ihre Botschaften bemühen, sollten sich bewusst machen, dass man in der Poesie die Schlussfolgerung aus dem Werk dem Leser überlässt. Bitten und Handlungsanweisungen sollten daher stets in knallharter Prosa vorgetragen werden – alles andere wirkt peinlich, davon überzeugten mich auch die Bettelreime auf den nachfolgenden Plätzen:

Ach, eins noch, ganz am End gesprochen,
fehl'n uns zum Glück noch Flitterwochen.
Doch bleibt nach so einem großen Fest
vom Geld nur noch ein kleiner Rest.
Drum wollt Ihr uns gerne etwas schenken,
solltet an unseren Wunsch Ihr denken.

Das zweite Gedicht wirkte noch gehemmter als das erste, hier war sich der ursprüngliche Verfasser der Ungehörigkeit seiner Bitte bewusst gewesen, was sich an der gewählten Formulierung

»ganz am End gesprochen« ablesen ließ. Bis zum Schluss hatte er gezögert, nach Geld zu fragen, doch dann hatte die Gier gesiegt. Um sich von dem Unwohlsein zu entlasten, machte er den Gästen ein schlechtes Gewissen: »Doch bleibt nach so einem großen Fest vom Geld nur noch ein kleiner Rest.« Immer diese Gäste, die auf dem Hochzeitsfest so gedankenlos auf Kosten des Paares schlemmen!

Und die schnippische Aufforderung am Schluss konnte das Ganze leider auch nicht mehr retten.

Betont locker kam im Gegensatz dazu Platz drei daher:

> Gute Laune bringt Ihr selber mit,
> dann wird das Fest ein Riesenhit.
> An eine Frage werdet Ihr denken:
> »Was sollen wir den beiden schenken?«
> Wisst Ihr was, macht's Euch nicht schwer,
> steckt uns 'nen Euro ins Kuvert.

Geschickt hofierte man am Anfang die Gäste und wies zu Recht auf ihren Beitrag zum Gelingen des Festes hin. Hier war der Gast nicht Nutznießer oder gar Schmarotzer des Hochzeitsfestes, nein – das bittende Paar war sich bewusst, dass erst die Gäste das Fest zum Erlebnis machen würden. Die gute Laune und der gute Wille der Gäste wurden in dieser Variante vorausgesetzt, was auf ein vertrauensvolles Verhältnis zwischen Hochzeitspaar und Gästen hindeutete, in dem der Austausch von Geschenken zweitrangig war. Hatte er keinen Euro mehr fürs Kuvert übrig, war er genauso willkommen.

Dabei war das Geld doch gar nicht das Wichtigste, um das man seine Gäste bitten musste. Das Wichtigste fehlte in den Einladungsbeispielen im Internet und auch noch auf meiner Liste. Insbesondere bei meinen Freunden war es unabdingbar, diesen Punkt zu erwähnen. Denn ich hatte vor vier Jahren eine Hochzeit erlebt, die noch viel, viel schlimmer gewesen war als die von Antje und Jörg, und zwar die meiner Freundin Marianne und ihres Mannes Andrew. Marianne und Andrew hatten in Irland geheiratet, wo Andrews Familie wohnte. Eine zweite, kleinere Feier hatten sie für ihre Berliner Freunde gegeben. Marianne hatte ein kleines Gutshaus in der Nähe von Potsdam gemietet, was den Vorteil hatte, dass man in der Küche im Erdgeschoss sein eigenes Essen kochen konnte. Marks und mein Hochzeitsgeschenk für Marianne und Andrew war gewesen, ihnen beim Zubereiten des Menüs zu helfen. Und während Mark und ich Gemüse schnitten, Reis kochten und Fische filetierten, klingelte ununterbrochen Mariannes Handy. Wer anrief, das waren ihre Hochzeitsgäste, die einer nach dem anderen absagten, derweil für sie Tische und Stühle im Garten aufgestellt, Säcke mit Grillkohle, Kästen mit Bier, Mineralwasser und Säften herangeschleppt und dreißig Flaschen Weißwein kalt gestellt wurden. Als der achtzehnte Gast absagte, ließ Marianne eine Girlande fallen, die sie im Baum hatte aufhängen wollen, und rannte ins Haus, und ich warf vor Wut eine riesige Schüssel Nudelsalat in den Mülleimer. Mark versuchte die verzweifelte Marianne zu trösten, und Andrew saß stumm auf einem Stuhl und trank Bier. Jeder Gast hatte einen anderen triftigen Grund, warum er nicht kommen konnte, und natürlich auch, warum es ihm nicht möglich gewesen war, sein Nichterscheinen etwas früher anzukündigen. Ein Freund hatte die Grippe und bis zur letzten Minute gehofft, er könne doch noch aufstehen, eine andere Freundin musste ihren Ex betreuen, der ausgerechnet an diesem Tag beschlossen hatte, seinen Selbstmord in Erwägung zu ziehen, ein Dritter hatte vergessen, sich den Termin im Kalender einzutragen, und so weiter. Achtzehn Absagen bedeuteten, dass viel weniger Leute kommen würden als geplant, schließlich hätte jeder Gast seinen Partner oder sogar seine ganze Familie mitgebracht. Irgendwann stand Andrew auf und rief wahllos Bekannte von sich und Marianne an und lud sie zum Essen ein. So kam es, dass wir am Schluss zu zwölft an einer riesigen Tafel saßen, die ursprünglich für fünfzig Leute gedeckt war. Unter anderem hatte Andrew ein ihm flüchtig bekanntes Ehepaar überreden können, aus Berlin nach Potsdam zu kommen, außerdem war sein ziemlich gehemmter Zahnarzt mit seiner Frau und seinem sechsjährigen Sohn erschienen, die alle drei den Eindruck machten, als wären sie es nicht gewohnt, unter Leute zu gehen. Als letzten Überraschungsgast hatte er noch eine sechzigjährige Künstlerin organisieren können, von der Marianne mal ein Bild gekauft hatte. Die Zahnarztfamilie blieb stumm, die Künstlerin trank viel und ging früh, nur das Ehepaar war ziemlich nett und versuchte durch angestrengte Fröhlichkeit die gedrückte Stimmung zu überspielen.

So ein Desaster durfte bei unserer Hochzeitsfeier nicht passieren. Ich schrieb alles auf, was mir wichtig war, formulierte um, kürzte, und nach drei Versionen war ich mit meinem Text zufrieden, tippte ihn ab und druckte ihn aus.

Mark kam herein, er sah erschöpft aus. »Beatriz' Freundin hat Schluss gemacht.«

»Oh.« Mehr fiel mir nicht ein, was sollte ich auch dazu sagen?

»Sie ist völlig am Ende, sie mag nicht mal tanzen gehen.«

»Willst du zu ihr fahren?«

»Nein, sie will allein sein. Aber ich habe gesagt, dass wir sie nächstes Wochenende auf Steffens Geburtstagsparty mitnehmen.«

»Vielleicht wird das wieder was mit ihrer Freundin!«

»Sie hat sich verliebt, in eine bekannte Filmemacherin. Hat sie auf der Berlinale kennengelernt.«

Mark hatte wirklich Mitgefühl mit Beatriz, das mochte ich an ihm. Dass er an allem Anteil nahm, was seine Freunde ihm erzählten, und erstaunlicherweise war er oft auf der Seite der Frauen.

»Arbeitest du?« Mark blickte auf die Papierknäuel neben meinem Schreibtisch. Ich schüttelte den Kopf.

»Dann lass uns rausgehen und Wein trinken.«

Den Einladungsentwurf legte ich auf den Tisch, den konnte Mark durchlesen, wenn wir wiederkamen.

Liebe Freunde,

Mark und ich heiraten – und wir fänden es schön, wenn Ihr dabei seid.

Gefeiert wird am XX.XX in …

Ich möchte zu diesem Anlass weder Haushaltsgeräte noch Deko-artikel, noch Blumen geschenkt bekommen. Außerdem bitte ich Euch, auf jegliche Vorbereitung gewisser Spiele, die das Zusammensein von Mark und mir thematisieren, zu verzichten. Aufführungen mit Niveau und hochzeitsfreier Thematik sind dagegen willkommen.

Auch eine Hochzeitszeitung oder ein Hochzeitsvideo soll es nicht geben, Ihr könnt also Eure Foto- und Filmkameras zu Hause lassen und Euch ganz dem Feiern widmen.

Kommt einfach, wie Ihr seid, mit Familie oder ohne, und verbringt den Tag mit uns.

Wir würden es begrüßen, wenn Ihr – entgegen der Berliner Gewohnheit – rechtzeitig ab- oder zusagt, damit wir planen können. Wir freuen uns über jeden, der kommt.

Rebecca und Mark

---

Mark brachte das Tablett mit Kaffee und Kuchen für uns drei selbst an den Tisch. »Sie haben in der Küche so viel zu tun, sie haben keine Zeit zu servieren.« Der große Tisch unter dem kahlen Walnussbaum war der einzige, der in der Sonne stand. Wenn man seine Jacke anbehielt, konnte man es draußen aushalten.

»Hier wollt ihr eure Hochzeit feiern?«, fragte Jan-Hendrik. »Würde ich auch machen, richtig schön ist das hier.«

»Im Sommer blühen hier die Rosen, und das Essen an Steffens Geburtstag war phantastisch«, sagte Mark.

Auch der Kuchen, den Mark von drinnen mitgebracht hatte, war sehr lecker. Von unserem Tisch aus blickte man auf den ursprünglichen Haupteingang der kleinen Villa, eine verwitterte steinerne Treppe führte zu einer Veranda, auf der ein Tisch und zwei Stühle standen. Das Treppengeländer war im Laufe der Zeit völlig mit Efeu zugewachsen, und dazwischen hatte die Besitzerin kleine Töpfe mit Tulpen und Hyazinthen gestellt. Am Tag war die Fliedervilla noch idyllischer als am Abend.

Vor einer Woche hatten wir hier den Geburtstag von Steffen gefeiert. Wir waren so begeistert gewesen von diesem Ort, dass wir beschlossen hatten, gleich am nächsten Wochenende wieder hinzufahren, um uns zu erkundigen, ob wir hier unsere Hochzeit feiern könnten. Am besten wäre es, wenn bei unserer Party die Tische und Stühle einfach über den verwilderten Garten verteilt würden und jeder Gast sich aussuchen konnte, wo er sitzen wollte. Wer mit seiner Begleitung lieber unbeobachtet war, könnte sich in den hinteren Teil des Gartens oder auf die Veranda zurückziehen. Dieses Haus hatte definitiv eine andere Atmosphäre als ein Hamburger Tennisklub mit Vitrinen voller Pokale und den Fotos von den Turniergewinnern der letzten Jahre an den Wänden.

»Ich will auf gar keinen Fall, dass alle an einer Tafel sitzen und einer auf die Idee kommt, eine Rede zu halten.«

»Ich halte keine Rede, ich verspreche es.« Jan-Hendrik hob seine Kuchengabel.

Letzten Samstag hatten Mark, Beatriz und ich am Nachmittag in Potsdam Kaffee getrunken und waren anschließend hierhergefahren. Von der Wiese hinter dem Parkplatz hatte uns eine Kuh beim Einparken zugeschaut, ein Hund hatte uns am steinernen Gartentor begrüßt, Windlichter im Rasen hatten uns den Weg geleuchtet. Auch Beatriz hatte es gefallen. »Ist ja urig hier«, hatte sie gesagt, als wir die Küche aus dem frühen neunzehnten

Jahrhundert und das Badezimmer mit dem Kronleuchter besichtigt hatten. Im Speisesaal hatte die fertig eingedeckte Tafel gestanden, dekoriert mit Blumen und Kerzen, durch die Flügeltüren hatte man in einen weiteren Raum sehen können, in dem ein großer Flügel stand.

»Was war denn an dieser Feier so toll?«, fragte Jan-Hendrik.

»Ach, alles eigentlich«, meinte Mark.

Ja, stimmt, alles war toll gewesen, das Wildschwein und der selbst gemachte Rotkohl, das Lagerfeuer, die Katzen auf dem roten Plüschsofa im Klavierzimmer, die Fackeln im Rosengarten, der Nachtisch, Steffens Freunde. Aber das eigentliche Highlight dieses Abends war Jürgen gewesen.

»Manchmal weiß man gar nicht, weshalb die eine Feier gelingt und die andere nicht«, stellte Jan-Hendrik fest.

»Ich wusste letzte Woche gleich von Anfang an, dass es ein super Abend wird«, sagte ich.

Eine halbe Stunde nach unserer Ankunft hatten wir am Tisch gesessen, gegessen und getrunken, und nach dem Essen wurden die Flügeltüren aufgeklappt und Freunde von Steffen, Besitzer einer Tangoschule, führten im Nebenzimmer einen Tanz vor. Nach dem Tanz servierte die Besitzerin, eine alte Frau im schwarzen Kleid und mit weißem Dutt, eigenhändig Kaffee und Crème brulée. Während wir Kaffee tranken, setzte sich eine andere Freundin an den Flügel und trug Schubertlieder vor. So stellte ich mir unsere Hochzeit vor.

Beatriz kam mit ihrer Sitznachbarin ins Gespräch, Mark ging in den Garten, wo ein Lagerfeuer angezündet werden sollte. Irgendwann fragte Annette, die Gesprächspartnerin von Beatriz, wo Jürgen sei, und ab da begann das Fest großartig zu werden.

»Wer ist das?«, fragten wir.

»Mein Mann. Ich habe ihn eine Weile nicht gesehen.«

Wir begleiteten Annette in den Garten, wo die meisten Gäste um das Feuer herumsaßen, plauderten oder ihren Gedanken nachhingen. Beatriz kehrte um, weil sie auf die Toilette wollte, ich blieb mit Annette im Garten.

»Da bist du ja!« Mark hatte mich im Dunkeln erkannt. »Was macht ihr da?«

»Wir suchen Jürgen, Annettes Mann.«

»Wann hast du ihn denn zum letzten Mal gesehen?«, wandte Mark sich an Annette.

»Ich weiß es nicht.«

»Vor oder nach den Schubertliedern?«

»Nein, ich glaube, da nicht mehr.«

»Aber bei der Tangoshow saß er noch neben dir?«

Annette schüttelte den Kopf.

Drei Stunden hatten wir nach Jürgen gesucht, im dunklen Garten, im Haus, im Keller und in der Scheune, in der wir sogar einen Karton mit Welpen entdeckten. Zwischendurch begleiteten wir Beatriz in den hinteren Teil des Rosengartens, da das Klo andauernd besetzt war und sie sich nicht traute, allein im Dunkeln zu pinkeln. Die Besitzerin hatte Taschenlampen und Fackeln organisiert, mit denen rannten wir durch das ganze Dorf, und jedes Mal, wenn wir uns begegneten, schrien wir auf und leuchteten einander ins Gesicht. Es war wie bei einer Schnitzeljagd. Mark leuchtete mit der Taschenlampe sogar in sämtliche Autos, aber Jürgen war nirgends zu finden. Irgendwann gaben wir auf und kehrten ins Haus zurück.

Im Salon setzte sich die Pianistin wieder ans Klavier, und die beiden Tangolehrer brachten einigen Gästen die Grundschritte bei.

»Mark sagt, ihr wollt heiraten«, sagte Beatriz plötzlich, als wir am Tisch saßen und den Übenden zusahen. »Würde ich auch machen, wenn ich hetero wäre. Mark ist ein super Kerl. Kultiviert. Er mag Musik, er kann tanzen, sogar kochen, das ist wichtig.«

Ich ergänzte: »Und er hat Humor. Ein Mann muss Humor haben, steht doch immer in den Kontaktanzeigen.«

»Habe ich vergessen. Stimmt, man muss lachen können mit 'ner Frau oder 'nem Mann. Sex haben und lachen.«

Die Tangolehrerin setzte sich zu uns an den Tisch. »Wisst ihr, was ich glaube? Ich glaube, wir suchen ein Phantom. Ich habe jedenfalls keinen Jürgen gesehen. Weiß einer von euch, wie der aussieht?«

»Voll krass wäre das, wenn sich herausstellt, dass Annette verrückt ist.« Beatriz hatte immerhin neben Annette gesessen und konnte sich auch nicht daran erinnern, einen Mann an ihrer Seite gesehen zu haben.

Die Pianistin war es, die Jürgen fand. Sie ging aus dem Zimmer, doch zehn Sekunden später stand sie wieder in der Tür und verkündete: »Ich weiß, wo Jürgen ist.«

»Was? Wo denn?«

»Der ist im Badezimmer. Und der war dort die ganze Zeit.«

»Im Badezimmer?« Natürlich, warum waren wir nicht gleich darauf gekommen.

Annette und die Männer, die ihr bei der Suche nach Jürgen in den umliegenden Feldern und Waldstücken geholfen hatten, kamen just in dem Moment zurück, in dem wir versuchten, einen Teller mit einer Rotweinpfütze durch den Türspalt unter der Badezimmertür hindurchzuschieben. Beatriz, fürsorglich wie immer, drückte sogar Essensreste auf einem zweiten Teller platt, denn Jürgen sollte zum Wein auch etwas zu essen haben. Was hätten wir anderes tun sollen, wenn die Badezimmertür klemmte und sich partout nicht öffnen ließ?

Annette und die Männer starrten uns an, schließlich bat Mark die Besitzerin um Werkzeug und machte sich ans Öffnen der Tür. Kaum hatte er die Kneifzange herumgedreht, wurde die Tür aufgestoßen, ein untersetzter Mann bahnte sich mit gesenktem Kopf seinen Weg durch die Menge und verschwand im Garten, Annette hinterher.

Auf den Schreck lud uns die Besitzerin zu selbst gemachtem Mirabellenschnaps ein, und erst gegen fünf Uhr morgens setzten wir Beatriz wieder vor ihrem Haus in Berlin-Kreuzberg ab. Dank Jürgen, sagte Beatriz zum Abschied, habe sie einen ganzen Abend lang nicht an Verena gedacht.

»Jede Feier braucht etwas Besonderes, einfach nur Essen und Trinken reicht eben nicht, hier kann man zum Beispiel Feuer machen.« Mark zeigte auf die Feuerstelle.

»Es ist schon merkwürdig, dass man sich bei uns selbst um seine Hochzeit kümmern muss. Als Chan geheiratet hat, haben natürlich seine Eltern alles für ihn arrangiert, das ganze Programm«, sagte Jan-Hendrik, »er hatte gar nichts mitzureden.«

»Chan?«

»Ein ehemaliger Studienkollege von mir, ein Chinese.«

»Wo hat er geheiratet, in China?«

»Nein, in Amsterdam auf einem Boot.«

Eine Gruppe, bestehend aus drei Männern und einer Frau, schaute sich suchend im Garten um, der eine Mann trug ein Tablett mit mehreren Kaffeetassen und Kuchenstücken. Sie kamen an unseren Tisch.

»Dürfen wir uns setzen?«, fragte der Mann mit dem Tablett.

»Natürlich.« Mark rückte mit seinem Stuhl näher an mich heran.

Jan-Hendrik war aufgestanden und stellte der Frau einen Stuhl hin.

»Wollen wir gleich hineingehen und die Besitzerin fragen, ob sie noch Termine frei hat?«

Mark drehte sich um und blickte zur Tür. »Ich habe sie noch nicht gesehen.«

»Gehen Sie auch zum Konzert?«, fragte der Mann, der das Tablett getragen und sich neben mich gesetzt hatte.

»Zu welchem Konzert?«, fragte Jan-Hendrik.

»Wir geben gleich ein Konzert im Salon, vorne in der Einfahrt hängt ein Schild, auf dem es angekündigt wird.«

»Was spielt ihr denn?«

Wenn irgendwo Menschen ihre Musikinstrumente in die

Hand nahmen, stellte sich Mark in die erste Reihe und klatschte im Takt. Das musste verhindert werden, denn ich ahnte schon, was der Mann in den Pluderhosen, die Frau mit dem Strohhut und den großen Ohrringen und ihre Kollegen mit den bunten Westen spielen würden.

»Gipsy-Jazz und so 'n bisschen Flamenco. Ich singe, Silvie spielt Geige, Uwe dort ist unser Drummer, und Hans ist Kontrabassist.«

Silvie lächelte, Uwe erhob sich ein wenig und gab uns allen die Hand.

»Wir finden das einfach toll hier«, sagte der Bandleader, »wir haben hier letzten Herbst auf einem privaten Fest gespielt, und die ganze Gesellschaft hat echt abgehottet und da hatte Else, das ist die Besitzerin, die Idee, dass wir in der Fliedervilla einmal ein Konzert schmeißen.«

Wir unterhielten uns eine Weile über das Haus und die Umgebung, dann stand ich auf und stellte unser Geschirr zusammen.

»Wollt ihr schon gehen?«, fragte der Bandleader. »Bleibt doch einfach und hört unser Konzert.«

»Wir haben leider keine Zeit«, sagte ich schnell.

»Sehr gern«, sagte Mark.

»Wir können uns doch wenigstens den Anfang anhören, vielleicht gefällt es uns ja«, meinte Mark, als wir außerhalb der Hörweite der Musiker waren.

»Du weißt doch, dass ich keine Jazzmusik mag.«

»Und du?«, fragte Mark Jan-Hendrik.

»Mir ist es egal, ich kann mir auch Jazzmusik anhören.«

Else, die Besitzerin, kam aus dem Haus und ging auf uns zu. »Kommen Sie, kommen Sie, wir laden Sie ein, das Konzert anzuhören.«

»Das ist wirklich sehr nett«, versicherte ihr Jan-Hendrik, und Else eilte wieder ins Haus zurück.

»Jetzt müssen wir aber, wo wir so nett gebeten worden sind.«

»Aber wirklich nicht lange«, bat ich, »ich würde lieber noch spazieren gehen, bevor wir nach Berlin zurückfahren.«

Wir gingen ins Haus. Gleich links war die Küche, erinnerte ich mich, ich stellte unser Tablett auf einer der Arbeitsflächen ab.

Gegenüber vom Eingang war der Salon mit den großen Flügeltüren, ich schaute den Gang hinunter, die Badezimmertür hatte ein neues Schloss.

»Wie schön«, trällerte Else, sie schien uns nicht zu erkennen. »Noch mehr Gäste, herzlich willkommen.«

Vier Stuhlreihen hatte Else im Salon aufgestellt, und in den ersten zwei Reihen saßen sieben Leute. Wir setzten uns ganz nach hinten, möglichst nah an die Tür. Eine junge Frau mit weißer Schürze brachte ein Tablett mit gefüllten Sektgläsern. Else nahm es ihr ab und begann, allen Gästen Sekt anzubieten.

Als sie mit ihrem Tablett vor uns stand, schüttelte ich den Kopf, doch sie nahm ein Glas und reichte es mir. »Eine Aufmerksamkeit des Hauses, nehmen Sie, wir wollen alle auf unsere wunderbaren Musiker anstoßen.«

Als sie den Sekt verteilt hatte, nahm sie das letzte Glas in die Hand und hielt einen kleinen Toast auf die Band. »Und jetzt freuen wir uns auf das Konzert und den gemeinsamen Nachmittag.«

Die Musiker nahmen ihre Instrumente in die Hand, währenddessen ging die Else mit einem Portemonnaie durch die Reihen. »Wie viel kostet das?«, hörte ich eine Frau fragen. »Fünfundzwanzig Euro«, antwortete Else, »aber wenn Sie mehr geben wollen für die Musiker, freuen wir uns natürlich.«

Mir wurde angesichts dieser Summe etwas mulmig. Als Else das Geld in den ersten Reihen eingesammelt hatte, kam sie zu mir.

»Fünfundzwanzig Euro.«

»Wir bleiben nicht lang«, sagte ich.

»Wie, Sie wollen das Konzert gar nicht hören?«, fragte sie.

»Eigentlich waren wir nur zum Kaffeetrinken gekommen, wir wussten gar nicht, dass es heute ein Konzert gibt.«

Die Leute aus den vorderen Reihen hatten sich zu uns umgedreht, und auch die Musiker schauten zu uns herüber.

»Und warum haben Sie sich hierhergesetzt?«

Der Ton der alten Frau war streng geworden, Jan-Hendrik und Mark sagten kein Wort.

»Die Musiker haben uns eingeladen, wir wussten nicht, dass es so teuer ist.«

»Sie wollen also nicht zahlen?«, unterbrach sie mich.

»Nein«, sagte ich.

»Das ist unverschämt, Sie setzen sich hierher und nehmen den Sekt, und dann wollen Sie nichts dafür geben, was glauben Sie denn, wovon die Musiker und ich hier leben sollen?«

Ich stand auf und stellte das halb leer getrunkene Glas auf das alte Klavier neben der Tür. Auch Jan-Hendrik und Mark stellten ihre Gläser neben die Stühle, standen auf und verabschiedeten sich.

»Das mache ich doch nicht aus Jux und Tollerei, dass ich hier einen musikalischen Salon betreibe!«, rief Else hinter uns her.

»Das hätte ich mir denken können«, meinte Jan-Hendrik, als wir draußen waren.

»Warum habt ihr nichts gesagt?«

»Wir hätten schon noch was gesagt, aber sie hat ja mit dir gesprochen.«

Marks Argument überzeugte mich nicht, ich ärgerte mich. Er hätte mir helfen und mich vor der geldgierigen Oma beschützen sollen, wozu hat man denn einen Freund? Schweigend setzte ich mich ins Auto. Im Rückspiegel sah ich für einen kurzen Moment noch einmal die Fliedervilla mit ihrem halb verfallenen Eingang und den hübschen alten Gartenmöbeln auf dem Rasen. Eine perfekte Werbekulisse.

Der Charme des Anwesens war das Ergebnis klugen Marketings, die Wirkung jedes einzelnen Items wohl kalkuliert: der sorgfältig gepflegte Verfall, die altertümliche Kücheneinrichtung, der Kronleuchter im Bad, die knarzenden Dielen, die Katzen auf den Sofas und nicht zuletzt sie selbst. Else, die Kuchen backende und Dutt tragende Oma, inszenierte sich perfekt und professionell. Für den Nachmittag auf dem Land bei Kaffee und Apfelkuchen inklusive Oma-Atmo hatte man natürlich zu zahlen. Das sah ich ein. Es verdarb mir nur die Laune, wenn man es mich so deutlich spüren ließ.

»Ich hätte übrigens auch bezahlt und mir das Konzert angehört.«

»Genau das habe ich befürchtet. Fehlt noch, dass du diese Gipsy-Band gleich für unsere Hochzeit buchst.«

Jan-Hendrik lachte.

»Und wo fahren wir jetzt hin?«, fragte Mark.

»Nach Potsdam, da gibt es ein Restaurant, in dem man sehr leckeren Bratfisch mit Pommes essen kann.«

Das war ein wunderbarer Vorschlag von Jan-Hendrik. Lieber Bratfisch essen als Gipsy-Musik hören. Die Fliedervilla hatte sich jedenfalls als Ort für unsere Feier erledigt.

Ein Mann kommt zum Rabbiner, weil er heiraten möchte. Der Rabbiner sucht aus seiner Kartei zwei Dutzend Fotos von heiratswilligen Frauen heraus. Der Mann schaut sie sich an, aber keine gefällt ihm. »Wie soll die Frau sein, die du heiraten möchtest?«, fragt der Rabbiner. »Sie soll schön sein! Ich möchte die Schönheitskönigin unserer Stadt heiraten«, ruft der junge Mann. »Es tut mir leid, aber die Schönheitskönigin wirst du nie heiraten.« – »Und warum nicht?« – »Die Schönheitskönigin«, sagt der Rabbiner, »die habe ich schon geheiratet.«

Von meinem Balkon aus sah ich auf die Spree, und zwar genau auf die Stelle, an der die Touristenboote wendeten und wieder in Richtung Museumshafen fuhren. Ich war dabei, meine Pflanzen auf dem Balkon umzutopfen, als das Telefon klingelte. Es war Jan-Hendrik.

»Ich bin hier auf einer Tagung in Wien, es ist so langweilig. Der erste Vortrag ist erst um zwölf Uhr, und mit keinem der Teilnehmer mag ich vorher Kaffee trinken und plaudern.«

»Warum bist du dann hingefahren, um was geht es überhaupt?«

»Um die Auswirkungen der neuen Medien auf die Partnersuche. Ganz groß in Mode gerade, das Thema, vor allen Dingen bei meinen Klienten.«

Ich holte Kaffee und eine Decke und nahm das Telefon nach draußen.

»Es stimmt sogar, was sie sagen«, begann Jan-Hendrik. »Durch die Möglichkeit, jeden auf dieser Welt kennenlernen zu können, haben wir ständig das Gefühl, dass da draußen jemand wartet, der wie für uns gemacht ist. Und selbst die, die jemanden haben, setzen sich nachts an den Rechner und suchen heimlich nach dem schöneren und besseren Partner. Dadurch vernachlässigen sie natürlich die Menschen, die in ihrer Nähe sind. Aber darüber kann man sich keine drei Tage unterhalten, finde ich.«

Das mit den neuen Medien war auch schon meinem Vater aufgefallen. Mein Vater war ein Mann, dem es nie schwergefallen war, Frauen und auch Männer anzusprechen, und der daher noch mit siebzig ständig neue Bekanntschaften schloss. Er konnte Menschen beim Einkaufen, im Café oder im Wartezimmer eines Arztes kennenlernen. Doch neulich gestand er mir, dass es ihm keinen Spaß mehr machte.

Wie soll man bitte schön eine Frau ansprechen, die ständig auf ihrem Handy herumtippt, hatte er mich gefragt. Sie merkt es ja nicht einmal, wenn man sie anlächelt! Er beneide die jungen Männer nicht, sogar im Englischen Garten lägen die Frauen in ihren Bikinis herum und telefonierten. Wer wollte so unhöflich sein und sie mitten in ihren interessanten Gesprächen unterbrechen?

Aber ohne Handy sind die Leute doch auch nicht ständig aufeinander zugegangen und haben sich kennengelernt.

»Stimmt das denn wirklich, dass das Internet unsere Beziehungen zerstört?«

»Bei mir in der Praxis gibt es kaum ein Paar, das sich nicht übers Internet kennengelernt hat, bei den Schwulen sowieso nicht. Am schlimmsten finde ich übrigens die Kontaktanzeigen, die gestern Nachmittag analysiert wurden. In denen die Leute genau beschreiben, was sie von ihrem zukünftigen Partner erwarten. Welchen Beruf er haben soll, wie viele Kinder man von ihm haben will – alles schon festgelegt, bevor man den anderen überhaupt kennt. Da wird mir ganz schlecht«, beklagte er sich.

»Was soll man denn sonst in eine Kontaktanzeige schreiben? Dass man so verzweifelt ist, dass man offen ist für alles und jeden?«

Im Prinzip war ich natürlich auf Jan-Hendriks Seite, nur kannte ich einige Menschen, für die es selbstverständlich gewesen war, auf ebendiese Weise einen Partner zu suchen. Und sie hatten nicht einmal alle das Internet dafür benutzt. Sie waren zu ihrem Rabbiner gegangen und hatten ihm ihre Traumfrau oder ihren Traummann ganz genau beschrieben. Schidduch hieß dieser Hochzeitsservice, und meist wurde einem nur wenige Wochen nach dem ersten Gespräch der Wunschpartner vorgestellt. Scheiden ließen sich diese Paare selten, aber vielleicht hatte das andere Gründe.

»Morgen Abend ist es zum Glück vorbei. Was machen eigentlich eure Hochzeitsvorbereitungen?«

»Ach, ich habe schon keine Lust mehr, mir darüber Gedanken zu machen, wo und wie wir feiern wollen. Acht verschiedene Orte haben wir uns inzwischen angeschaut, und einer war langweiliger als der andere. Richtig spontan ist das alles auch nicht mehr.«

»Diese ewige Suche nach dem richtigen Ort kenne ich von meinen Klienten. Mir scheint, manche sind richtig erleichtert, dass sie sich zu Hause mal über etwas anderes streiten können als sonst.«

Ein rot lackiertes Holzboot fuhr unter meinem Balkon vorbei, drosselte seine Fahrt und begann zu wenden. Aus seinem Inneren dröhnte Musik, durch die Fenster erkannte man Menschen, die Sektgläser in den Händen hielten.

»Hattest du nicht gesagt, dass ein Freund von dir auf einem Boot geheiratet hat?«

»Ja, Chan. In Amsterdam.«

»Warum ausgerechnet in Amsterdam?«

»Seine Familie wohnt dort.«

»Und wie war das?«

»Habe ich dir das neulich nicht erzählt?«

»Kann man nicht auch auf der Spree Partyboote mieten?«

»Ja, aber nicht so eines, in ein Amsterdamer Salonboot passen dreihundert Leute.«

Dreihundert Gäste, das waren ja schon fast israelische Verhältnisse.

»Zu Chans Hochzeit waren sogar fast sechshundert Gäste gekommen, aber das habe ich erst hinterher erfahren. Die Feier war perfekt durchorganisiert, so etwas hast du noch nicht erlebt. Wir wurden vom Personal zu unseren Plätzen begleitet, man nahm uns die Garderobe ab, und wer auf die Toilette musste, wurde bis vor die Tür begleitet.«

»Und wie fandest du das?«

»Super, weil man überhaupt nicht nachdenken musste. Kaum hatten wir uns gesetzt, kam eine ältere Chinesin und unterrichtete uns darüber, was uns an diesem Abend erwartete und was wir zu tun hätten, also wann wir aufstehen, uns wieder setzen und wann wir klatschen sollten. Wir bekamen sogar Geldscheine in die Hand gedrückt, die wir dem Brautpaar bei seinem Rundgang zustecken sollten.«

»Das ist unglaublich, die müssen ja Tausende von Euro verteilt haben!«

»Auf die paar Euro kam es auch nicht mehr an. Allein, was da serviert wurde! Wie viele Gänge es gab, weiß ich nicht mehr, jedenfalls kam der Kellner immer genau dann, wenn ich ein Gericht aufgegessen hatte, und brachte das nächste. Wein und Wasser wurden nachgeschenkt, bevor man den letzten Tropfen ausgetrunken hatte. Fiel eine Serviette herunter, stand schon jemand neben dir und reichte dir eine neue.«

»Ist irgendwie toll!«, rief ich. Eigentlich war ich der Meinung, dass eine total durchorganisierte Feier langweilig war, aber jetzt wurden mir auch ihre Vorteile deutlich.

»Ich kam gar nicht dazu, mit meinen Tischnachbarn zu sprechen, denn eine Sensation jagte die nächste. Zwischen zwei Gängen lief ein Film, in dem Bilder aus Chans und Sumis Kindheit gezeigt wurden. Chan und Sumi, die vor uns auf einer Art Bühne saßen, bogen sich vor Lachen in ihren Thronsesseln. Ein Showmaster gab uns das Zeichen, dass wir Beifall klatschen sollten, und alle klatschten. Danach wurden Hochzeitsspiele gemacht, das war wie auf einer deutschen Hochzeit. Chan und seine Frau mussten abwechselnd mit verbundenen Augen raten, von wem sie geküsst wurden, dann gab es einen Partnertest, und anschließend musste sich Chan aus den Fesseln eines Fesselkünstlers befreien. Nach drei Stunden hatte Chan Zeit, an unseren Tisch zu kommen. Wir tranken gerade den Digestif, und das Personal stand bereits mit unseren Mänteln in der Tür.

›Jetzt habe ich fünfzehn Minuten Pause, und dann muss ich das Ganze noch einmal für die zweite Schicht aufführen‹, sagte Chan auf Deutsch.

Ich war erstaunt: ›Wie, alles noch einmal? Der gleiche Film, die gleichen Spiele, der gleiche Fesselkünstler?‹

›Ja. Ich bin froh, wenn ich heute Nacht im Bett liege.‹

›Machen das alle Chinesen so?‹

›Vielleicht. Ich weiß es nicht.‹«

So lief also eine Hochzeitsfeier ab, die von vorne bis hinten durchgeplant war. Chans Eltern hatten nichts dem Zufall überlassen, sogar das Lachen und das Klatschen der Gäste hatten sie kontrolliert. Ob sich das eine deutsche Hochzeitsgesellschaft gefallen lassen würde? Eines wusste ich jedoch sicher: Mit meinen israelischen Verwandten konnte man so etwas nicht machen.

Von seinen Gästen zu verlangen, dass sie sich disziplinierten und gleichzeitig irre amüsierten, war irgendwie schizophren. Erinnerte man sich an die Feste, auf denen man sich besonders amüsiert hatte, waren das immer diejenigen gewesen, auf denen irgendetwas schiefgegangen war. Unsere legendäre Erstsemesterparty, bei der plötzlich der Strom ausgefallen war und wir und siebenhundert andere Studenten durch die stockdunkle Kunstuniversität geirrt waren; die Sommerparty auf dem Land vor drei Jahren, wo wir an alles gedacht hatten außer an Alkohol, und Mark und ich der Gruppe zugeteilt worden waren, die spätabends über die Brandenburger Dörfer gefahren war, um irgendwo ein paar Flaschen Wein aufzutreiben, was natürlich mit dem Besuch diverser Dorfkneipen verbunden gewesen war.

Wenn ich wollte, dass unsere Hochzeitsparty ein Erlebnis wurde, dann brauchte ich irgendein kleines Problem, das alle Anwesenden gemeinsam lösen mussten. So etwas machte Laune, das sah man doch immer in den Berichten über die Landstriche, die von Überschwemmungen betroffen waren. Da erzählten Menschen mit geröteten Gesichtern, wie sie gemeinsam mit anderen Kühe aus den Fluten gezogen und mit den Soldaten der Bundeswehr Sandsäcke gestapelt hatten, und schwärmten von dem Gemeinschaftsgefühl, welches das in ihnen ausgelöst hatte.

Was wir brauchten, war also eine Art Hochzeitshochwasser. Was könnte das sein, und wie könnte man es für unsere Hochzeit arrangieren?

In der Leitung begann es zu tuten.

»Oh, ich muss auflegen, das ist Harald. Tschüss.«

# HEIMLICH ODER PEINLICH?

»Vielleicht sollten wir heimlich heiraten«, schlug Mark vor.
»Ohne Party und ohne Hochzeitsmenü. Dann muss ich auch
meine Eltern und meinen Schwager nicht einladen.«

Wir saßen beim Frühstück. Mark hatte nicht mehr viel Zeit,
denn jeden zweiten Sonntag war er mit seinen Töchtern verabredet. Heimlich heiraten, das hatte ich doch schon einmal gehört. Nur, wenn man heimlich heiratete, wozu heiratete man
dann überhaupt?

»Was uns übrigens bei einer heimlichen Hochzeit auch erspart bleibt, ist die Tanzeinlage, die wir vor unseren Freunden
hinlegen müssen, damit sie die mitfilmen können.«

»Ach ja, das macht man ja jetzt so.«

Daran, dass ein Paar auf seiner Hochzeit seinen Gästen traditionell etwas vortanzt, hatte ich gar nicht gedacht. Da Mark
und ich jedoch einen vollkommen unterschiedlichen Musikge-
schmack hatten, gingen wir so gut wie nie zusammen tanzen.
Wenn wir einen Tanz aufführen wollten, der die Gäste davon
überzeugte, dass wir einigermaßen miteinander harmonierten,
würden wir viele Stunden üben müssen.

»Oder wir heiraten in dem türkischen Festsaal mit den Kronleuchtern, von dem du erzählt hast. Mir ist sowieso klar geworden, dass meine Eltern an allem was zu meckern hätten, was wir uns bis jetzt überlegt haben. Die einzige Möglichkeit wäre, sie so zu schockieren, dass sie gar nicht mehr wissen, was sie davon halten sollen.«

»Meinem Vater dagegen gefällt alles gleich gut, ob wir nun in einem Schloss feiern oder im Hinterzimmer einer Kneipe, das heißt, der Festsaal ist die optimale Lösung für alle.«

»Der Saal ist bestimmt nicht teuer. Und gut zu erreichen ist er auch, war das nicht irgendwo in Kreuzberg?«

»Wenn wir da feiern, möchte ich aber noch so eine vierstöckige Hochzeitstorte.«

»Die bekommst du.«

Ich war mir nicht ganz sicher, ob Mark das alles ernst meinte.

»Natürlich brauchen wir auch einem weißen Mercedes mit roten Rosen auf der Kühlerhaube, mit dem uns unsere Freunde abholen und durch die Stadt kutschieren.«

»Und was ziehen wir an?«

»Was ziehen wir an? Wir lassen uns von meinen Töchtern beraten, die wissen ganz genau, wie ein Brautpaar auszusehen hat.«

Ein Brautkleid! Nicht im Traum hatte ich daran gedacht, eines anzuziehen, aber bei einer solchen Feier kam nichts anderes infrage. In Berlin-Neukölln würde ich sicher etwas Sensationelles finden, denn dort gibt es genauso viele Brautmodegeschäfte wie Handyshops. Und dann würde ich mir meine Haare in einem türkischen Friseurladen legen lassen, und ein arabisches Make-up brauchte ich auch. Das Kleid würde ich natürlich schon gleich zur Trauung im Standesamt anziehen. Wie lustig wäre es, mit einer langen Schleppe im Neuen Rathaus in Berlin-Mitte einzuziehen wie in eine Kathedrale. Anschließend zauberte ich dem Standesbeamten, der uns traute, mit meinem mit Pailletten besetzten Plastikkleid glitzernde Lichtreflexe ins Gesicht. Mark trüge natürlich einen schwarzen Smoking, und unsere Gäste bekämen die Anweisung, sich geschlossen in Himmelblau zu kleiden, und zwar exakt in der Farbe der Polsterung der Stühle des großen Eheschließungszimmers, dem Parochialzimmer, für das Mark uns bereits angemeldet hatte. Das gäbe ein tolles Foto. Und wenn wir dann vors Standesamt träten, flöge ein Hubschrauber über uns hinweg und ließe tausend rote Rosen auf die Hochzeitsgesellschaft hinabregnen. Das hatte einmal Berlins reichster Zuhälter für seine junge Braut gemacht, und die Berliner waren begeistert gewesen.

»Was natürlich auch ganz wichtig ist«, Mark holte sein Mobiltelefon und begann zu tippen, »ist die Musik. Hier sind sie, die fünfzig beliebtesten Hochzeitspartyhits. Platz eins ›You Sexy Thing‹ von Hot Chocolate, Platz zwei ›I Love to Love‹ von Tina Charles, auf Platz fünf ist ›Rock Your Baby‹, das hasse ich besonders. Warte mal, das ist doch genau die Musik, die wir auf der Hochzeit von meiner Schwester gehört haben.«

Eine ironische Hochzeit würde auch die Musikauswahl ungemein erleichtern. Unter dem Vorzeichen der Ironie dürften sich die Gäste jeder Scheußlichkeit ungehemmt hingeben und ohne Schuldgefühle zu James Browns »Sex Machine« oder »I'm on Fire« abtanzen.

Man könnte den ganzen Abend Discomusik aus den Achtzigern spielen, und niemand würde daraus Rückschlüsse auf meine Persönlichkeit ziehen.

Plötzlich hatte ich so viele Ideen. Mit der Einladung würde ich anfangen, am liebsten würde ich mich sofort an den Rechner setzen und ein Foto von mir und Mark freistellen und in einen herzförmigen Rahmen kopieren. Anschließend würde ich eine mitreißende Rede auf Mark vorbereiten, in der ich ihn als den wundervollsten Menschen beschreibe, der jemals auf Erden gelebt hat. So eine Lobrede hatte meine Cousine Sharon auf ihrer Hochzeit auf ihren Mann gehalten. Ich erinnerte mich daran, wie peinlich berührt Mark und ich gewesen waren, als wir entdeckten, dass Tränen in ihren Augen glitzerten, während sie sprach. Aber noch peinlicher berührte uns, als wir später erfuhren, dass genau dieser Part den Gästen am meisten gefallen hatte.

Mark stand auf. »Ich muss los. Übrigens, mein Cousin heiratet im Juni, und ich glaube, das wird so ähnlich, wie wir das vorhaben. Du musst dir unbedingt die Einladung anschauen.«

Mark ging in den Flur, kramte in seinem Rucksack und kam an den Frühstückstisch zurück mit einem Stapel Papier in der Hand.

»Das«, er legte eine der Karten aufgeschlagen vor mich hin, »habe ich kurz vor Silvester bekommen. Damit haben mein Cousin und seine Freundin ihre Verlobung angekündigt.«

Auf dem eingeklebten Foto waren ein Mann im blauen Hemd und Krawatte und eine Frau in einem geblümten Sommerkleid zu sehen. Das Bild war offensichtlich in einem Fotostudio aufgenommen, denn der Hintergrund war perfekt ausgeleuchtet.

»Das ist dein Cousin? Er sieht ganz anders aus als du.«

»Den wollte ich dir nicht zeigen. Du musst dir seine Freundin anschauen.«

Die Freundin von Marks Cousin hatte dunkle, sehr lockige Haare, sie war wohl vor der Aufnahme beim Friseur gewesen. Außerdem trug sie einen knallroten Lippenstift und hatte in der gleichen Farbe ihre Fingernägel lackiert.

»Hast du gesehen?« Mark legte eine andere Karte auf den Tisch, sie war weiß, und in der Mitte waren rote Herzchen mit Goldrand in das Papier geprägt.

»Das ist die Hochzeitseinladung, die habe ich letzte Woche bekommen.«

An seinem Tonfall hörte ich, dass er auf irgendetwas hinauswollte. Ich nahm die Verlobungsankündigung und die Hochzeitseinladung, legte sie nebeneinander und studierte sie gründlich, ich verglich die Namen und das Datum, bis mir auffiel, dass neben Marks Namen der seiner Exfreundin stand, der Cousin hatte offensichtlich vergessen, dass die beiden seit sechs Jahren kein Paar mehr waren.

»Nein, nur das Foto«, unterbrach mich Mark ungeduldig.

»Schau doch mal«, er tippte mit seinem Zeigefinger auf das Gesicht der Frau in der Verlobungskarte, dann auf die Hochzeitseinladung. Jetzt sah ich auch, dass etwas nicht stimmte mit ihrem Gesicht, ich kam nur nicht darauf, was es war. Mark hielt es nicht mehr aus.

»Die hat sich die Nase machen lassen, irre, was? Die heiratet mit neuer Nase.«

Die Nase! Mark hatte recht, auf dem ersten Foto hatte sie eine normale Nase mit einem ganz leichten Höcker darauf, auf dem zweiten war sie deutlich schmaler, und auch die Form war leicht verändert.

»Das wäre mir nie aufgefallen.«

»Mir ist das sofort aufgefallen, und allen anderen fällt es bestimmt auch auf. Was für eine dumme Idee, sich zwischen Verlobung und Hochzeit die Nase operieren zu lassen. Dann weiß es doch jeder.«

»Gehst du hin?«

»Ich weiß es nicht, er heiratet in Frankfurt, eigentlich habe ich keine Zeit, dahinzufahren, allerdings wären meine Eltern beleidigt, wenn ich nicht komme. Du musst nicht mit, wenn du nicht willst.«

Mark zog seine Jacke an. Ich würde gerne nach Frankfurt fahren, erstens konnte ich dort eine Freundin von mir besuchen, und außerdem wüsste ich gerne, was für eine Hochzeit die beiden feierten. Wer sich für die Hochzeit sogar die Nase richten lässt, hatte sicher einiges vor an diesem Tag. Vielleicht kam ich auch mit der Braut ins Gespräch, dann könnte ich ihr erzählen, dass es im Iran gang und gäbe war, sich die Nase verschönern zu lassen, und dass es dort zum ganz normalen Small Talk gehörte, über seine Nasen-OP zu sprechen. Als Kind hatte ich einige umgestaltete Nasen bewundert, und es war mir ganz klar gewesen, dass ich, wenn ich älter war, ebenfalls etwas gegen den eigenwilligen Wuchs meiner Nase würde unternehmen müssen.

»Tschüss, bis heute Abend.« Mark war weg.

Ich räumte den Tisch ab und dachte darüber nach, was Mark beim Frühstück vorgeschlagen hatte, und zwar bevor wir uns überlegt hatten, peinlich zu heiraten. Und je länger ich darüber nachdachte, desto besser gefiel mir seine Idee mit der heimlichen Hochzeit. Selbst eine einfache Hochzeit würde uns mehrere Tausend Euro kosten, und für dreitausend oder viertausend Euro könnte man eine große Reise machen. Und ich war lange nicht mehr richtig verreist gewesen.

Ich gab »heimlich heiraten« bei Google ein, und sofort erschien eine Seite, die eine Traumhochzeit in der Karibik anpries. Links daneben blinkten die Anzeigen für Kleinkredite. Auf einer Seite für Kochrezepte und Einkaufstipps fand ich einen ganzen Thread über dieses Thema.

Eine Frau namens Simone hatte die User der Rezeptseite ein paar Tage zuvor gefragt, was diese von heimlichen Hochzeiten hielten, und hatte über siebenhundert Antworten erhalten! Dieses Thema bewegte offensichtlich die Gemüter, also begann ich zu lesen. Die meisten User waren von Simones Idee nicht begeistert:

»Wenn man nicht mit der Familie total über Kreuz ist, sollte man so ein Ereignis der Familie nicht vorenthalten, finde ich«, schrieb Jana.

Christina, die ebenfalls heimlich geheiratet hatte, berichtete, dass sie diese Entscheidung bereits wenige Stunden nach der Eheschließung so bitter bereut hatte, dass sie noch während des Hochzeitsdinners ihre nächste Hochzeit geplant hatte: »Im Nachhinein habe ich es bereut, ohne Gäste geheiratet zu haben, denn es war alles sehr unfestlich. Das Hochzeitsdinner zu zweit in einem polynesischen Restaurant ließ auch keine besondere

Stimmung aufkommen. Damals dachte ich: Bei deiner nächsten Hochzeit machst du es besser«, schrieb sie offenherzig.

Aber nicht nur ehemalige Bräute, auch Mütter meldeten sich zu Wort. Warnend wandte sich Carmen an Simone: »Ich weiß nicht, wie ich reagiert hätte, hätte mich meine Tochter an so einem wichtigen Tag nicht dabeihaben wollen. Ich glaube, es hätte seeehr lange gedauert, bis ich es ihr verziehen hätte (vergessen kann man es nicht). Sich schick anziehen und zu zweit essen gehen, das kann man doch jeden Tag.«

Eine anonyme Freundin einer heimlich Verheirateten hatte folgende Erfahrung gemacht: »Meine beste Freundin und ihr Mann haben vor vier Jahren heimlich geheiratet und dies aber erst zwei Wochen später erzählt. Ich war sehr enttäuscht – ich wäre halt gerne dabei gewesen. Jetzt bereut sie diese Entscheidung.«

Nur Silke hatte Verständnis, und ihre Begründung rührte mich: »Ich sehe überhaupt nicht ein, alle Verwandten, Bekannten und sonstigen Leute für ein Heidengeld einzuladen. Das Geld gebe ich lieber für meine Familie aus. Und vom ›schönsten Tag im Leben‹ kann ja auch nicht wirklich die Rede sein: Den hatte ich schließlich schon, als ich meinen Mann kennenlernte.«

Diesen Eintrag fand ich so wunderbar, dass ich beschloss, ihn heute Abend Mark zu zeigen. Was Silke erlebt hatte, traf auch auf uns zu: Die schönste Hochzeit würde nicht so schön sein wie das erste Wochenende, das wir miteinander verbracht hatten. Diese Ungläubigkeit, dass nicht nur man selbst, sondern auch der andere sich auf den ersten Blick verliebt hatte. Zum Glück hatte Mark mir irgendwann seine Gefühle gestanden, denn ich wusste nicht, ob ich mich jemals getraut hätte. Wie leicht hätte es passieren können, dass keiner von uns den Mut gefunden hätte, sich dem anderen zu offenbaren.

Das Telefon klingelte. Das war bestimmt Jan-Hendrik, der sich entschuldigen wollte, dass er gestern so unvermittelt aufgelegt hatte.

»Rebecca, hier ist Silvia, weißt du zufällig, wo Sigrun ist?«

»Sigrun? Nein.«

»Ich kann sie schon seit drei Tagen nicht erreichen. Du musst mir suchen helfen.«

Hinter Sigruns Wohnungstür blieb es still, auch ihre Nachbarin hatte Sigrun seit Freitag nicht gesehen, allerdings hatte sie nicht besonders auf ihr Kommen und Gehen geachtet. Die Nachbarn über und unter Sigrun waren nicht zu Hause. Silvia und ich gingen in das nächste Café, um uns zu besprechen.

»Was möchtet ihr?«, fragte die Kellnerin, als wir uns auf die Schaumstoffpolster am Fenster gesetzt hatten.

»Milchkaffee«, bestellte Silvia.

»Ich auch.«

»Nehmt ihr den äthiopischen Arabica oder den Guatemala-Hochlandkaffee? Mit Sojamilch oder laktosefrei?«

»Was?«, fragte Silvia. »Bitte bringen Sie mir ganz normalen Kaffee.«

Die Kellnerin verschwand beleidigt.

»Ich habe auch schon Sigruns Mutter angerufen, die weiß auch nicht, wo sie ist.«

»Wird sie nicht im Büro vermisst?«

»Die sagen, sie würde öfter mal von zu Hause arbeiten.«

Wir schwiegen. Wahrscheinlich dachten wir beide dasselbe, nämlich dass wir am liebsten Sigruns Tür aufbrechen würden, dass Sigrun allerdings, sollte sie heute Abend oder morgen früh völlig gesund nach Hause kommen, darüber nicht sehr erfreut sein würde. Es kann ja nicht sein, dass jeder Single, der sich zweiundsiebzig Stunden nicht bei seinen Freunden meldet, fürchten muss, dass sofort bundesweit nach ihm gefahndet wird. Andererseits telefonierten Silvia und Sigrun fast täglich, und es war bisher noch nie vorgekommen, dass Silvia nicht wusste, wo ihre Freundin war.

»Oder soll ich doch zur Polizei gehen?«, fragte sie.

Die Kellnerin brachte den Kaffee.

Götz überquerte die Straße und zog die dreijährige Nele mit rot geweinten Augen und weit offenem Mund hinter sich her. Silvias neun Jahre alte Tochter Clara-Emilia folgte den beiden schlecht gelaunt. Kaum hatte Götz die Tür des Cafés geöffnet, ertönte Neles Geschrei. Sämtliche Gäste schreckten auf und wussten, es war vorbei mit ihrem ruhigen Vormittag, denn hier im Prenzlauer Berg würde nie eine Mutter oder ein Vater mit einem zeternden Kind vor die Tür gehen, Silvia und Götz waren da nicht anders.

»Was hat sie denn?« Silvia nahm ihre Tochter in den Arm.

»Sie wollte ein Eis haben, aber ich habe gesagt, vor dem Mittagessen gibt es keines.«

Nele trat nach Götz. »Papa Arschloch!«

Götz ließ sich auf einen Schaumstoffwürfel fallen.

»Mama, darf ich mit Luise auf den Flohmarkt?«

»Nein, heute nicht«, sagte Silvia.

»Ich will aber!«, schrie Clara-Emilia.

»Habt ihr Sigrun getroffen?«, fragte Götz.

»Nein, sie war nicht da«, antwortete ich.

»Vielleicht ist ihr etwas passiert«, meinte Silvia.

Nele hatte aufgehört, zu schreien und um sich zu treten, und schaute ihre Mutter neugierig an.

»Was soll ihr denn passiert sein?«, fragte Götz. »Und wenn ihr etwas passiert ist, können wir jetzt auch nichts machen.«

»Du spinnst ja wohl.« Silvia wurde wütend.

»Ich sagte, wenn.«


Silvia machte sich schnell Sorgen. Verlor sie Nele nur für ein paar Sekunden in einem Kaufhaus aus den Augen, war die mit Sicherheit entführt worden, kam Götz eine Stunde später als erwartet nach Hause, vermutete sie, dass er einen Unfall gehabt hatte; als Drehbuchautorin hatte sie viel Phantasie. Spannung wurde in den Serien, für die sie schrieb, meistens durch unerwartete Wendungen erzeugt, dies konnte durch Unfälle geschehen, aber auch dadurch, dass sich die Protagonisten so verhielten, wie es niemand in ihrer Umgebung von ihnen erwartet hätte: Sparsame Menschen räumten plötzlich das gemeinsame Konto leer, biedere Familienväter führten ein Doppelleben, Männer und Frauen, die einander noch nie hatten leiden können, verliebten sich unsterblich ineinander. Je absurder und unwahrscheinlicher der Plot, den Silvia sich ausdachte, desto origineller fanden ihn die Chefeditoren.

»Wir werden auf keinen Fall die Polizei rufen«, entschied Götz. »Nicht, dass es uns so geht wie Benjamin. Hast du eigentlich schon gehört, Rebecca?«

»Nein. Was ist mit Benjamin?«

Clara-Emilia und Nele hatten angefangen, sich gegenseitig zu kneifen und an den Haaren zu ziehen, Götz sah seinen Töchtern zu, stand auf und kam eine Minute später mit zwei Kuchentellern zurück. Clara-Emilia und Nele setzten sich und begannen zu essen.

»Benjamin ist in Kanada festgenommen worden«, sagte Götz.

»Waas?«

Silvia, die in ihrem Handy nach irgendetwas suchte, wies ihn zurecht.

»Das ist nicht lustig, Benjamin will bestimmt nicht, dass wir das weitererzählen.«

Nun war es zu spät. Götz hatte mich neugierig gemacht, denn wenn Benjamin eines nicht hatte, dann waren es kriminelle Neigungen. Wahrscheinlich hatte er aus lauter Unwissenheit gegen kanadische Gesetze verstoßen.

»Erzähl«, bat ich.

»Benjamin sitzt seit vorgestern im Gefängnis«, begann Götz.

»Er ist schon wieder frei«, korrigierte Silvia ihn.

»Jedenfalls begann alles am Freitagabend, als Benjamin von der Universität nach Hause kam. Seine Frau und die Kinder waren nicht da. Das war ungewöhnlich, Benjamin wunderte sich auch, aber er nahm an, dass seine Frau jeden Moment zur Tür hereinkommen würde. Er machte sich also etwas zu essen, setzte sich vor den Fernseher und wartete, aber seine Frau kam nicht.«

Götz machte eine dramaturgische Pause. Clara-Emilia hatte ihren Kuchen aufgegessen und rief: »Die ist nämlich abgehauen!«

Götz warf ihr einen ärgerlichen Blick zu.

»Stimmt das?«, fragte ich.

»Ja, das stimmt. Sie hat Benjamin verlassen und ist zu ihrem Liebhaber gezogen, stell dir vor. Mit zwei Kindern und einem drei Monate alten Baby.«

Diese Neuigkeit war wirklich unglaublich. Benjamin, der uns noch vor wenigen Monaten von seiner glücklichen Ehe und seinem perfekten Familienleben vorgeschwärmt hatte, war von seiner Frau verlassen worden. Seine Frau hatte gerade ein Kind bekommen und trotzdem einen Liebhaber. War das Kind von ihm, oder hatte sie es geschafft, im hochschwangeren Zustand einen neuen Mann kennenzulernen? Aber warum war Benjamin verhaftet worden? Hatte er seiner Frau etwas angetan? Oder den Kindern?

»Benjamins Frau hatte ihm lediglich den berühmten Zettel hinterlassen. Auf dem Küchentisch. Das Problem war nur, dass Benjamin ihn nicht gefunden hatte. Benjamin saß also zu Hause und machte sich Sorgen, und kurz vor Mitternacht rief er die Polizei. Die kam sofort. Weil auch drei kleine Kinder vermisst wurden, haben sie sofort eine große Suchaktion gestartet, mit Hubschraubern, Wärmesuchgeräten und Hunden, das ganze Programm. Und am Schluss haben sie Benjamin verdächtigt, dass er etwas mit dem Verschwinden seiner Frau zu tun haben könnte und die Polizei nur gerufen hätte, um von sich abzulenken.«

»Das ist ja furchtbar. Mein Gott, der Arme!«

»Ja, finde ich nämlich auch. Stell dir mal vor, ich und die Kinder wären weg, und du würdest dir Sorgen machen. Doch anstatt dass die Polizei dir hilft, verhaftet sie dich«, sagte Silvia.

»Die Polizei hat die Kinder doch gesucht. Und sie hat sie auch gefunden.«

»Wie lange war Benjamin denn im Gefängnis?«

»Nur ein paar Stunden, glaube ich«, sagte Silvia.

Ein paar Stunden, das klang erst einmal nicht schlimm, aber ein paar Stunden können lang sein. Vor allen Dingen, wenn man nicht wusste, wo Frau und Kinder waren. Jeden Moment hätte jemand zu Benjamin in die Zelle kommen und ihm mitteilen können, man habe seine Kinder gefunden, zerstückelt auf einem Parkplatz. Was für Ängste musste Benjamin in diesen Stunden ausgestanden haben.

Nele krabbelte auf Silvias Schoß. »Ich will nach Hause.«

»Wir gehen gleich, meine Süße.«

Nele drehte sich um und griff zur Zuckerdose. Ich lächelte ihr zu, doch sie streckte mir die Zunge heraus. Wie kam Silvia bloß auf die Idee, dass Sigrun neidisch auf ihre Töchter war?

»Weißt du, Benjamin ist natürlich auch ein paarmal fremdgegangen«, sagte Silvia, »aber er ist doch nicht gleich ausgezogen. Seine Frau hat das auch gar nicht gemerkt.«

Auf der Straße verabschiedeten wir uns.

»Ruf mich an, wenn du etwas von Sigrun hörst.«

»Mach ich«, versprach Silvia. Sie nahm ihr Mobiltelefon vom Ohr. »Wieder nur die Mailbox.«

»Wenn wir morgen Abend nichts von ihr hören, dann sollten wir vielleicht doch die Tür aufbrechen.«

Ich ging zu Fuß nach Hause, das Fahrrad schob ich neben mir her. Mein Telefon klingelte.

»Wo bist du denn?«, fragte Mark.

»Wieso?«

»Ich habe ein paarmal angerufen, ich habe mir schon Sorgen gemacht.«

»In dem Café ist es so laut gewesen.«

»In welchem Café, warum erzählst du mir denn nie, wo du hingehst …?«

Ich wollte gerade antworten, dass ich nicht fände, dass ich mich bei ihm ständig an- und abmelden müsse, doch dann besann ich mich und sagte:»Du hast recht.«

**Wer heiratet, braucht einen Geliebten.**
In einer Ehe geht es nicht nur um Liebe, sondern auch um Sex. Um Sex, den man haben beziehungsweise nicht haben soll. Wenn man verheiratet ist, soll man mit seinem Ehepartner Sex haben, mit allen anderen Menschen nicht. Manche heiraten gar vor allen Dingen deswegen, weil sie hoffen, durch das sexuelle Dauerabkommen mit dem Partner die Gefahr des Betrogenwerdens einzudämmen – sie irren sich gewaltig. Denn erst durch die Ehe wird das »Fremdgehen« möglich. Schließlich lässt sich ein Versprechen nur dann brechen, wenn man es zuvor gegeben hat.

Wer die Ehe will, sollte sich daher gründlich auf das Phänomen der Untreue vorbereiten. Früher oder später wird er nämlich mit diesem Thema konfrontiert. Entweder weil er selber fremdgeht oder weil es der Partner tut. Statistisch gesehen geht jeder zweite Verheiratete fremd, seit Neuestem übrigens mehr Frauen als Männer.

Und natürlich gehen verheiratete Menschen am liebsten mit Menschen fremd, die ebenfalls verheiratet sind, denn nur Verheiratete wissen, um was es bei einer Affäre geht: um ein aufregendes Abenteuer als Ausgleich für den langweiligen Ehealltag.

Für solch ein Abenteuer ist es unabdingbar, dass keiner der Protagonisten auf die Idee kommt, seine Ehe aufgeben zu wollen und aus dem heimlichen ein ganz offizielles Verhältnis zu machen. Selbstverständlich spricht man gerne nach dem leidenschaftlichen Sex davon, wie schön es wäre, für immer zusammen zu sein. Doch man redet natürlich davon als Utopie, denn so ist es unausgesprochen in einer Affäre verabredet. Wer das im Hotelbett Gesagte einfordert, bricht die Regeln.

Tatsächlich lässt sich weniger als jeder Zehnte für seinen Geliebten oder seine Geliebte scheiden. Das Zusammenleben erscheint eben nur attraktiv, solange man es nicht leben muss. Nicht jeder Mensch ist so risikobereit wie Benjamins Frau, die sich sogar mit drei Kindern in das Wagnis einer neuen Beziehung stürzte. Die wenigen, die sich trennen, trennen sich übrigens gleich in den ersten drei Monaten der Affäre. Tun sie es in dieser Zeit nicht, so zeigen die Statistiken, dann trennen sie sich nie mehr! Das Modell Ehe plus Geliebte beziehungsweise Geliebten ist verdammt stabil.

Mit einem Partner, mit dem man nicht verheiratet ist, funktioniert das Konzept Fremdgehen nicht, schon gar nicht, wenn man mit seinem Partner gar nicht zusammenwohnt. Heimliche Treffen in einem Hotel erübrigen sich, wenn man den Liebhaber oder die Geliebte einfach in seinem eigenen Bett empfangen kann. Würde man übrigens intimere Kontakte zu anderen pflegen, obwohl man einen festen Partner hat, würden einem Freunde raten, die Beziehung zu überdenken. Nur wenn man verheiratet ist, kann man auf ihr Verständnis hoffen, denn merkwürdigerweise sind sogar Freunde und Verwandte der fortschrittlichen Meinung, dass es ziemlich altmodisch ist, wegen einer einmaligen Untreue gleich die Scheidung zu verlangen und das gemeinsame wirtschaftliche Bündnis aufzukündigen. In einer guten Ehe kann man über alles sprechen, eine gute Ehe hält das aus. Ohne Trauschein erscheint es dagegen übertrieben, mit dem Geliebten immer und immer wieder durchzusprechen, dass man nicht wisse, wie man »es« dem anderen sagen solle, und vor allen Dingen, in welchem Moment.

Geheimniskrämerei ist zwar ein Selbstzweck – denn nur die geheime Liebe ist romantisch und aufregend –, aber wenigstens vordergründig muss die Geheimnistuerei einen Sinn ergeben. Will sagen: Geheimnisse brauche ich nur vor jemandem zu haben, der mich kontrolliert. Die Ehe ist daher der ideale Hintergrund, vor dem sich Ausbruchsphantasien leben lassen.

Wen wundert es, dass man bei diesen Ausbruchsversuchen nicht selten vom Ehepartner erwischt wird. Rangar Beer von der Universität Göttingen fand heraus, dass achtundvierzig Prozent der betrogenen Männer die Untreue ihrer Partnerin geahnt haben und dreiundfünfzig Prozent der befragten Frauen gespürt haben, dass ihr Mann eine Geliebte hat. Bevor die Untreuen gestehen konnten, haben die Betrogenen also schon längst alles gewusst, wobei die meisten Fremdgeher – auch das ergab die Studie – dachten, der Partner habe absolut nichts gemerkt.

Frauen fliegen etwas seltener auf als Männer, vielleicht weil sie es weniger herumerzählen, wenn sie einen Geliebten haben. Männer sind meistens so stolz auf ihre Geliebte, dass sie es ihren Freunden und Arbeitskollegen nicht verschweigen können, in Italien sind die Männer sogar so stolz auf ihre Affären, dass sie von ihnen berichten, bevor sie sie gehabt haben.

67 % der italienischen Männer betrügen ihre Ehefrauen. Angeblich. Das Forschungsinstitut Censis hat herausgefunden, dass lediglich 25 % der Männer tatsächlich fremdgehen.

Von Verheirateten, die fremdgehen, würde man eigentlich schon gerne wissen, warum sie geheiratet haben. Denn wenn sie es für möglich halten, mit mehreren Menschen gleichzeitig sexuelle Beziehungen zu haben, käme doch eine sogenannte offene Beziehung viel eher infrage. Für solch ein Beziehungsmodell lassen sich durchaus Gleichgesinnte finden, denen muss man dann auch nicht mit Tränen in den Augen vor dem Traualtar ewige Treue schwören.

Aber natürlich ist wieder mal alles viel komplizierter, weil die Beteiligten gar nicht wussten, was sie wollten, bevor sie geheiratet haben. So gehen verheiratete Frauen fremd, weil sie sich wieder mehr Aufmerksamkeit und Zärtlichkeit wünschen, Dinge, die sie naturgemäß in ihrer Ehe vermissen. Nicht umsonst gab die Schauspielerin Katharine Hepburn ihren Geschlechtsgenossinnen den Rat: »Wenn du die Bewunderung von zahlreichen Männern gegen die Kritik eines einzelnen eintauschen willst, dann heirate.«

Männer dagegen wollen einfach mal wieder Sex. Tatsächlich schlafen in jeder vierten Ehe Mann und Frau so gut wie gar nicht mehr miteinander. Es gibt erst wieder mehr Sex, wenn einer der Partner einen Geliebten beziehungsweise eine Geliebte hat. Eine Affäre funktioniert also nicht ohne die Ehe und die Ehe nicht ohne eine Affäre.

Wer daher vorhat, zum Geliebten überzulaufen und ihn zu heiraten, sollte sich darauf gefasst machen, bald einen neuen Geliebten zu haben. Denn meistens gehen genau die Menschen fremd, die bereits einmal fremdgegangen sind, schließlich geht es ums Prinzip.

Ragnar Beer fand heraus, dass es für die meisten Befragten nicht der erste Seitensprung war. 51 % der Männer und 45 % der Frauen waren schon vorher ihrem Partner untreu gewesen. Achtung: Fliegt der Seitensprung auf, bricht meistens der Kontakt zum Liebhaber nicht ganz ab.

---

»Kommt Benjamin wieder zurück nach Deutschland?«, fragte Harald.

Wir saßen in der kleinen Bar bei Silvia um die Ecke.

»Mach dir keine Hoffnung, der wird nicht schwul«, sagte Jan-Hendrik.

»Viel wichtiger wäre, dass er zwanzig Kilo abnimmt.«

Silvia kam von der Toilette, sie hatte schon wieder ihr Handy in der Hand. Seitdem Sigrun verschwunden war, war sie nur noch am Telefonieren und Kurznachrichtenschreiben. Tippend setzte sie sich.

Niemand sprach, bis die Getränke serviert wurden. Als wir alle den ersten Schluck getrunken hatten, fragte Silvia: »Sollen wir doch die Polizei rufen?«

Jan-Hendrik zuckte mit den Schultern.

»Vielleicht morgen«, schlug Harald vor.

Was wäre, wenn es sich bei der verschwundenen Person nicht um Sigrun, sondern um mich handeln würde. Neulich, als ich mit dem Fahrrad die Abkürzung durch den Tiergarten nahm und plötzlich hinter mir Laufschritte hörte, da war sie sofort da, die Vorstellung, dass mich ein Mann vom Rad schubste und – nachdem er mich gewürgt und vergewaltigt hatte – halb tot im Gebüsch liegen ließ. Warum sonst joggt ein Mensch mitten in der Nacht auf unbeleuchteten Nebenwegen durch den Park? In dem Gebüsch würde ich dann die nächsten Tage liegen, während meine Freunde bei Wein und Salzbrezeln überlegten, ob sie lieber morgen oder übermorgen die Polizei verständigen sollten.

Nur Mark würde mich vermissen. Aber wie lange würde es dauern, bis er sich auf die Suche nach mir machen würde: zwei, drei oder fünf Stunden? Und wann würde er zur Polizei gehen, am nächsten Morgen? Am Nachmittag? Er würde jedenfalls nicht vier oder fünf Tage warten wie meine Freunde!

Ein Signalton, Silvia griff nach ihrem Handy. Aufgeregt las sie die SMS vor, die sie erhalten hatte:

»Liebe Silvia, Sigrun kommt erst nächste Woche wieder ins Büro, sie hat sich ein paar Tage freigenommen, schöne Grüße, Regine.«

Wir waren alle erleichtert. Silvia umarmte mich so fest, wie sie es sonst nie tat. Jetzt, wo wir wussten, dass sie wohlauf war, merkten wir, welche Sorgen wir uns um Sigrun gemacht hatten.

»Darauf trinken wir einen!« Harald winkte dem Barkeeper.

»Darf ich anlässlich Sigruns glücklicher Wiederkehr ein paar Salzstangen essen?«, fragte Jan-Hendrik. Harald verzog den Mund.

»Wo ist Sigrun bloß hingefahren?«, fragte Silvia.

»Ist doch egal«, sagte ich. »Hauptsache, sie liegt nicht irgendwo tot im Gebüsch.«

»Gestern hast du noch gesagt, dass du das nicht glaubst.«

»Streitet euch nicht.«

Harald hatte eine Flasche Sekt in der Hand und begann einzuschenken, er selbst trank Apfelsaft.

»Wo ist eigentlich Mark, warum sieht man ihn nie?«, wollte er von mir wissen.

»Er ist bei einer Freundin.«

»Bei einer Freundin, so, so«, sagte Harald in dem ironischen Ton, den ich nicht mochte.

»Ja, sie ist durchs Physikum gefallen und völlig verzweifelt, da ist er hingefahren, um sie zu trösten.«

Kaum hatte ich das ausgesprochen, ärgerte ich mich über mich selbst. Warum rechtfertigte ich mich vor Harald? Ich hätte gar nicht antworten sollen. Fehlte noch, dass ich wegen Haralds Anspielungen erzählte, dass Beatriz lesbisch war.

»Jünger ist sie also auch noch?«

»Ist das die Brasilianerin, mit der er immer tanzen geht?«, fragte Jan-Hendrik.

»Genau die.«

»Und die Arme ist durchs Physikum gefallen? Hoffentlich kann sie die Prüfung wiederholen.«

»Sigrun, die blöde Kuh, hätte mir doch Bescheid sagen können.«

Silvia lallte bereits etwas.

Harald grinste in die Runde.

»Was kann das wohl bedeuten?«

Plötzlich blähten sich die schweren Vorhänge vor dem Eingang, und eine Gruppe grölender junger Männer drängte in die Bar. Sie trugen Hüte oder Perücken, einige hatten sich Clownsnasen übergestülpt. Es waren so viele, dass ein Teil der Gruppe vor der Tür stehen blieb. Jemand brüllte: »Tür zu.« Einer der Männer trug einen Bauchladen vor sich her, der allerdings nichts weiter enthielt als ein paar Fetzen Papier. Alle waren stark angetrunken, dabei war es noch nicht einmal neun Uhr.

»Was sind das, Fußballfans?«, fragte Jan-Hendrik.

»Nicht hier!«, schrie der Barkeeper und kam hinter der Theke hervor.

Einige Gäste standen auf, um dem Barkeeper zu helfen. Gemeinsam drückten sie die grölende Menge wieder zur Tür hinaus, was nicht einfach war, weil die draußen Wartenden noch nicht wussten, dass sie nicht erwünscht waren, und hereindrängten. Ein paar besonders ausgelassene Männer pressten ihre Gesichter von außen an das Schaufenster, zogen Grimassen und schlugen mit flachen Händen gegen das Glas.

»Ist ja widerlich.« Silvia hatte sich hinter ihren Barhocker gestellt.

Nach ein paar Minuten war alles vorbei. Die Männer standen draußen und diskutierten.

»Ein Glück«, seufzte Harald erleichtert.

»Was war das, woher kamen die?«

»Aus Irland«, vermutete Jan-Hendrik.

Der Barkeeper stand wieder hinter der Theke.

»Diese blöden Junggesellenabschiede«, beschwerte er sich.

Wir sahen die Saufgruppe gegenüber in eine Seitenstraße einbiegen, ihr Grölen war bis zu uns in die Bar zu hören.

Der Barkeeper stellte vier frische Sektgläser vor uns hin und schenkte ein.

»Für euch, geht aufs Haus.«

Er wischte den Tresen sauber, füllte Salzstangen nach, Jan-Hendrik griff sofort zu.

»Einmal hat hier eine Gruppe einen Junggesellenabschied gefeiert. Die haben mir meine ganze Bude zerschlagen! Ihr hättet die Toiletten sehen müssen: die Kloschüsseln alle kaputt, auch auf den Frauentoiletten. Und auf den Fußboden gekotzt haben sie mir auch, es war grauenvoll.«

»Die Ehe muss etwas Schreckliches sein, wenn man sich davor Mut antrinken muss«, sagte Harald. »Kann man denn nicht etwas würdevoller in die Ehe gehen? Ich kenne mich nicht mehr aus, aber egal, zum Glück bin ich ja schwul«, freute er sich.

Und wieder war die Chance verstrichen, den anderen von unserer geplanten Hochzeit zu erzählen. Irgendwie häuften sich zurzeit die abschreckenden Erlebnisse rund um dieses Thema. Am besten wäre es wahrscheinlich, wir würden allein aufs uncharmante Standesamt in Berlin-Mitte gehen, die Sache hinter uns bringen und danach im Gang lauwarmen Sekt trinken.

»Also, unter Spaßhaben verstehe ich was anderes! Wir haben ja früher auch getrunken, aber so etwas haben wir nie gemacht. Rebecca, weißt du noch?«, fragte Silvia.

»Ich habe früher auch ganz schön gesoffen«, gestand Harald.

»Aber doch nicht mit solchen Schwachköpfen.« Jan-Hendrik zeigte nach draußen in die Richtung, in der die Männergruppe verschwunden war.

»Meine Eltern haben mir neulich gesagt, dass sie eine Zeit lang nicht mehr geglaubt haben, dass ich noch Arzt werde.«

»Deine Eltern übertreiben aber auch immer. Die machen sich ja heute noch Sorgen um dich«, sagte Jan-Hendrik.

»Dann sind sie jetzt bestimmt sehr stolz auf dich?«, fragte ich.

»Wahrscheinlich.«

»Aus Elternsicht bist du doch der Erfolgreichste von uns allen, Arzt ist doch auf jeden Fall besser als Werbetexterin.«

»Das kommt auf die Eltern an«, meinte Jan-Hendrik.

»Stimmt.«

»Meine Eltern würden Silvia als die Erfolgreichste von uns allen bezeichnen«, sagte Harald, »weil sie Kinder hat. Meine Eltern waren sehr traurig, als ich ihnen gestand, dass ich homosexuell bin, weil sie wussten, dass sie dann niemals Enkel haben würden.«

»Stimmt, das unterschätzt man, wie wichtig das ist«, bestätigte Silvia. »Götz' Eltern waren nämlich gar nicht begeistert, als er mit mir zusammenkam. Ich war denen nicht fein genug, aber seitdem ich zwei Kinder von ihm habe, bemühen sie sich um mich.«

»Und du, Rebecca, willst du keine Kinder?«, fragte mich Harald.

Ich hatte noch nie Kinder gewollt, und das hatte viele Gründe. Aber natürlich war das nicht der Moment, sie Harald darzulegen, zumal er es bestimmt nicht so genau wissen wollte. Ich war nur froh, dass ich langsam in ein Alter kam, indem sich die Frage nach Kindern erübrigte. Auch deswegen war Mark der ideale Mann für mich: Er hatte bereits eine Familie, und zwei Kinder waren ihm definitiv genug.

»Mark hat doch schon zwei Töchter.«

»Das ist nicht dasselbe, wie wenn man eigene hat!«, rief Silvia.

»Ein drittes Kind könnten wir uns gar nicht leisten, so viel verdient Mark auch wieder nicht.«

»Das ist doch nur eine Ausrede.«

Silvia hatte mich sofort durchschaut. Das mit dem Geld hatte ich nur gesagt, weil ich mich vor der Antwort drücken wollte. Aber andererseits war an dieser Ausrede auch etwas Wahres dran. Silvia würde das nie verstehen, denn sie kam aus einer Familie, in der Geld nie ein Problem gewesen war. Ihre Mutter hatte nicht gearbeitet. Silvia war als Kind im Skiurlaub gewesen, hatte Tennis gespielt, war auf Pferden geritten und hatte Ballettunterricht gehabt.

Meine Mutter hatte dagegen wie mein Stiefvater im Schichtdienst gearbeitet, und dennoch hatte das Geld nicht gereicht. Als Kind hatte ich mich geschämt, dass sie sich für uns so abrackern mussten. Im Sommer zog ich auf dem Schulweg meine Schuhe aus und lief barfuß, um die Absätze zu schonen, weil ich hoffte, so den nächsten Schuhkauf hinauszögern zu können.

Wenn ich Kinder hätte, würde ich ihnen genau das ersparen wollen, ich wusste aber auch schon ohne Kinder manchmal nicht, wie ich meine Miete und meine Krankenversicherung bezahlen sollte. Geschweige denn Ballettunterricht und Reitstunden.

»Du weißt nicht, was du verpasst«, sagte Silvia.

»Man verpasst immer etwas im Leben«, antwortete ich.

Wir schwiegen ein paar Sekunden, dann sagte Jan-Hendrik:

»Wofür man sich auch entscheidet, immer bedeutet es, dass man andere Sachen ausschließt. Und man kann nie vorher wissen, ob man sich für das Richtige entschieden hat.«

»Kein Therapeutengequatsche, bitte.« Silvia zog das Glas mit den Salzstangen zu sich heran.

»Manche bekommen ihre Kinder ja genau deswegen, um anderen zu beweisen, dass genug Geld da ist«, sagte Harald.

»Aber ich nicht!«, rief Silvia. »Ich wollte immer Kinder haben. Außerdem geben Kinder einem viel Kraft, und dann schafft man das irgendwie. Man muss natürlich auch verzichten können.«

»Weiß ich doch«, beruhigte sie Harald.

»Mir tun jedenfalls die Leute leid, die keine Familie haben.«

»Und warum tun sie dir leid? Glaubst du, allen geht es schlecht, die keine Familie haben?« Jan-Hendrik klang verärgert, was sehr selten vorkam. »Und wenn es nicht geklappt hat mit der schönen heilen Familie, dann kommen sie in meine Praxis und jammern mir die Ohren voll. Und wie die sich ausdrücken! Wenn einer der Partner sich verliebt hat, sagen sie: ›Die hat mir den Mann weggenommen‹ oder ›Er hat unsere Familie zerstört …‹«

Nun wurde Silvia wütend.

»Den Kindern gefällt es jedenfalls nicht, wenn die Eltern nicht mehr zusammen sind und sie hin- und hergereicht werden. Ich sehe das doch bei meinen Freundinnen. Da können die Erwachsenen so liberal tun, wie sie wollen. Und wie viel Wohnraum verbraucht wird, weil alle ein Kinderzimmer bereithalten müssen, weil Maja oder Leon jedes zweite oder dritte Wochenende vorbeikommt, ist doch scheiße so was.«

Bei dem letzten Satz warf sie mir einen unfreundlichen Blick zu, ich hatte keine Ahnung, wie ich den verdient hatte.

»Du klingst ja genauso wie die Spießerinnen aus meiner Praxis.«

»Ja, und? Vielleicht bin ich das. Soll ich mich schuldig fühlen, nur weil ich eine glückliche Beziehung und Kinder habe?«

»Was ist denn mit dir los?« Harald sah Jan-Hendrik erstaunt an.

Der sprach ruhiger weiter:

»Du hast Kinder, schön. Aber deswegen muss man doch nicht bei jeder Frau, die keine Kinder hat, vermuten, sie sei unglücklich. Bei Sigrun ist es genauso: Die kann rackern, wie sie will, und die Mutter fragt trotzdem immer nur, wann sie wieder heiratet und ein Kind kriegt. Als wäre alles andere nichts wert.«

Spätestens jetzt begriff ich, was mit Jan-Hendrik los war: Er verteidigte mich!

»Ich frage mich oft, warum mich meine Eltern in die Welt gesetzt haben …«, begann ich.

»Ich habe meine Kinder jedenfalls nicht bekommen, um meinen Eltern eine Freude zu machen.«

»Du vielleicht nicht, aber schau dich doch um, die ganze Gegend wird spießiger. Jeden Samstag gehen die Pärchen auf den Biomarkt, und Oma und Opa, die zu Besuch sind aus Westdeutschland, dürfen den Kinderwagen schieben und am besten noch den Urlaub und die Hundertfünfzig-Quadratmeter-Wohnung zahlen, weil man sich ansonsten das Hipster-Eltern-Dasein gar nicht leisten könnte.«

»Aber ihr Schwulen macht alles richtig, ist klar«, höhnte Silvia.

Das Streitgespräch zwischen Silvia und Jan-Hendrik nervte mich. Es war doch sowieso niemand ehrlich, was das Thema Kinder betraf. Und im Grunde genommen war es auch unmöglich, ehrlich zu sein, denn aus welchem Grund man seine Kinder auch in die Welt gesetzt hatte, nun waren sie da und mussten geliebt werden.

Ich hatte sogar Mark in Verdacht, dass er Kinder bekommen hatte, weil man das eben so machte und damit er eine Familie hatte, wie seine Geschwister und seine Cousins auch. Jetzt, wo seine Töchter auf der Welt waren, liebte er sie natürlich. Warum auch nicht?

Aber war ich denn unabhängiger von der Meinung anderer als Mark und Silvia? Fand ich es nicht auch schöner, Arm in Arm mit Mark über den Biomarkt zu schlendern, als mich allein dort zu zeigen? Hatte ich nicht den Verdacht gehabt, dass mich meine Freunde bemitleideten, als ich noch Single war? Wollte ich also Mark auch nur heiraten, um allen zu zeigen, dass ich es geschafft hatte?

Aber eines war klar: Für meine Mutter und meinen Stiefvater tat ich es nicht, denn da ich keinen Kontakt zu ihnen hatte, würde ich sie natürlich auch nicht zu unserer Hochzeit einladen.

»Ich wollte dir übrigens nicht zu nahe treten vorhin«, sagte Harald zu mir. »Mark und du, ihr braucht keine Kinder, ihr wisst auch ohne Kinder etwas miteinander anzufangen.«

»Wie meinst du das?« Ich war erstaunt über Haralds ungewohnte Ernsthaftigkeit.

»Na ja, Mark hat dich richtig gern, das kann man deutlich sehen.«

Silvia hielt uns ein volles Weinglas entgegen. »Ich trinke auf meine Spießigkeit.«

»Auf meine können wir auch gleich anstoßen«, sagte ich und hob ebenfalls mein Glas. Ich freute mich sehr über das, was Harald gerade zu mir gesagt hatte, und daher war meine Laune gleich viel besser …

»Oh Mann, was machst du so früh hier?«

Mark stand im Schlafzimmer.

»Früh? Es ist neun Uhr, warum bist du noch im Bett?«

Ich wünschte, Mark hätte mich nicht geweckt, denn ich hatte Kopfschmerzen, und mir war schlecht. Es war fünf Uhr gewesen, als ich heute Morgen nach Hause gekommen war, und ich hatte mich, ohne mir die Zähne zu putzen oder mich abzuschminken, schlafen gelegt. Das war einer der Nachteile davon, dass Mark meinen Wohnungsschlüssel hatte, manchmal stand er zu den unpassendsten Gelegenheiten in der Tür.

»Ich habe geklingelt, aber du hast nicht aufgemacht.«

Ich ging an ihm vorbei ins Bad.

»Ich komme von einer Baustelle, und um zehn Uhr habe ich den nächsten Termin, da dachte ich, dass wir zwischendurch einen Kaffee zusammen trinken könnten.«

»Gute Idee!«, rief ich und ging unter die Dusche.

»Warum habt ihr denn so viel getrunken?«, fragte Mark durch die Tür.

»Wie bitte?«

»Müssen Silvia und Jan-Hendrik heute nicht arbeiten?«

»Ich hör dich nicht.«

Nachdem ich geduscht hatte, zog ich mich an und erklärte Mark, warum es gestern Abend später geworden war.

»Sigrun ist wieder da!«

»Ach wirklich, wo war sie denn?«

»Das wissen wir nicht.«

»Wie, das wisst ihr nicht? Hat sie euch das nicht gesagt?«

»Wir haben gar nicht mit ihr gesprochen.«

»Woher wisst ihr dann, dass sie wieder da ist?«

»Eine Arbeitskollegin hat es Silvia gesagt.«

Wir gingen in die Bäckerei um die Ecke.

»Es ist ziemlich blöd, dass Beatriz durchs Physikum gefallen ist«, sagte Mark, als wir uns mit unseren Plastikbechern an einen der freien Tische gesetzt hatten.

»Dann versucht sie es nächstes Jahr eben noch mal.«

Ein paar verpatzte Prüfungen kamen mir an diesem Morgen nicht besonders schlimm vor. Man wiederholte sie, und dann war das Ganze in ein paar Jahren vergessen. Hauptsache, es war einem nicht übel, und man hatte keine Schmerzen.

»Das ist wohl nicht so einfach, sie hat doch nur ein Studentenvisum.«

»Und was bedeutet das?«

»Das bedeutet, sie muss auch studieren. Und wenn sie bestimmte Scheine und Prüfungen nicht macht, dann muss sie nachweisen, dass sie krank war, und ein Urlaubssemester beantragen, mit Attest natürlich. Und das hat sie nicht gemacht.«

»Was heißt das jetzt?«

»Wenn Verena sich nicht von ihr getrennt hätte, dann wäre ihr das nicht passiert. Nicht nur, dass Beatriz die letzten Wochen sehr unkonzentriert war und nicht lernen konnte, sondern sie hat jetzt auch niemanden mehr, der ihr beim Schreiben der Doktorarbeit hilft.«

»Aber Beatriz spricht doch gut Deutsch.«

»Ich habe mir gestern mal Texte von ihr angesehen. Schriftlich macht sie sehr viele Fehler, und manchmal kann man kaum verstehen, was sie meint.«

»Vielleicht können wir ihr helfen? Ich könnte doch wenigstens ihre Rechtschreibfehler korrigieren?«

Mark nickte.

»Ich muss los, ich bekomme eine Ladung Mörtel in die Schönleinstraße.«

Ich trank den Rest Kaffee, das halbe Vollkornbrötchen ließ ich liegen. Draußen nieselte es, die frische Luft tat mir gut, ich beschloss, ein Stück spazieren zu gehen. Ich stieg die Treppen am Maleratelier im Edelplattenbau herunter. Das Gebäude direkt an der Spree war zu DDR-Zeiten Künstlern vorbehalten gewesen, die sich um Staat und Kultur besonders verdient gemacht hatten. Das verfallene Haus am Ende des kurzen Weges wurde gerade zu einer hippen Partylocation umfunktioniert. Ein Block weiter hatte sich noch nicht viel verändert, im Schaufenster eines Schreibwarengeschäftes lag alles, was man für den perfekten Schulanfang für das Jahr 1988 brauchte. Aber schon die Parallelstraße war komplett saniert, die Fassaden waren renoviert, die Schaufenster geputzt und die Eingänge mit mannshohen Buchsbäumen dekoriert.

Vor dem Hotel stand ein Angestellter und schaute gelangweilt auf die andere Straßenseite, wo eine Frau gerade dabei war, die Schaufenster eines Hochzeitsausstatters umzudekorieren. Dabei bot die Szene einen ziemlich skurrilen Anblick: Die Schaufensterpuppen in Braut- beziehungsweise Abendkleidern waren zum Teil auseinandergenommen, Köpfe und Arme lagen zu Füßen der Dekorateurin. Einen der Köpfe hatte sie zwischen ihren Knien, sie war gerade dabei, einen weißen Schleier auf der blonden Perücke zu befestigen. Sämtliche Plastikbräute trugen rote Schärpen, auf denen das Wort »Sale« stand.

Diese Szene musste ich unbedingt fotografieren. Das war das

passende Motiv für unsere Einladungskarte. Nachdem ich ein paar Bilder gemacht hatte, trat ich näher. Was bedeutete eigentlich »Sale«? Wie viel kostete denn jetzt ein Traum in Weiß?

Auf einem der Preisschilder war die Zahl 4800 durchgestrichen und durch 2000 ersetzt worden. Zweitausend Euro für ein Kleid, wie verrückt. Manche Menschen gaben für dieses Kleid nicht nur eine Menge Geld aus, sondern verbrachten zudem viele Stunden damit, um es auszusuchen. In Israel hatte ich mit meiner Tante und meiner Cousine eine Serie gesehen, in der für jede Folge eine Frau über Monate hinweg begleitet wurde, wie sie das passende Brautkleid für sich auswählte. Es war aber auch ein kompliziertes Unterfangen, dem sich diese jungen Frauen stellten: Das Kleid sollte nicht nur perfekt zu ihrer Persönlichkeit passen – die es durch viele Interviews mit Verwandten und Freundinnen zu bestimmen galt –, sondern auch bisher unentdeckte Facetten an ihnen zum Vorschein bringen und außerdem den Geschmack des zukünftigen Ehemannes treffen.

Diese Sendung hatte mich gegen meinen Willen fasziniert. Experten diskutierten über Arm- und Rocklängen, Spezialisten kümmerten sich um die Frisuren, die Accessoires und die Schuhe, und natürlich war jeweils ein Fachmann für das Make-up und für die Maniküre zuständig. Und alle wurden geleitet von einer gemeinsamen Vision: der idealen Braut. Dieser gigantische Aufwand erhob die Wahl des richtigen Brautkleides in eine Sphäre, die über jede Kritik erhaben war. Die Einkleidung einer Braut war ein Gesamtkonzept, ein Kunstwerk, wer wollte gering darüber denken?

Die gleiche Faszination hatte ich empfunden, als ich eine Dokumentation über die Entwicklung von Laufschuhen für die kommenden Olympischen Spiele gesehen hatte. Mehr als ein Dutzend Ingenieure und Computerspezialisten waren an der Entwicklung dieser Spezialschuhe beteiligt, Athleten und Physiotherapeuten testeten den Schuh auf Laufbändern, Tartanbahnen, auf trockenem und auf nassem Asphalt. Vier Millionen Dollar kostete die Entwicklung dieses Wunderwerks am Ende. Und das alles für einen einzigen Sprint von wenigen Sekunden, denn nach einem Lauf waren diese Wunderschuhe natürlich hinüber.

Welches Kleid würde eigentlich zu mir am besten passen? Das mit der langen Schleppe oder das daneben mit den Rosenapplikationen? Oder der Hauch von Nichts aus durchsichtiger Spitze oder doch lieber das schlichte Hochgeschlossene? Es war gleichgültig, welchen Stil ich wählte, denn ich würde in jedem Brautkleid wie verkleidet aussehen.

Plötzlich sah ich, dass man im Inneren des Geschäfts auf mich aufmerksam geworden war. Eine ältere Dame gab einer jüngeren Frau im grauen Kostüm ein Zeichen, diese erhob sich und lächelte mir zu. Schnell trat ich ein paar Schritte zurück und ging weiter.

Ich fragte mich, was Mark dazu sagen würde, wenn ich ihm gestehen würde, dass es mein größter Wunsch sei, ganz in Weiß zu heiraten. Wir hatten nie über dieses Thema gesprochen, denn Mark kannte mich natürlich gut, und er wusste, dass ich nicht vorhatte, auf unserer Hochzeit ein Brautkleid anzuziehen. Aber was wäre, wenn ich ihn davon überzeugte, dass mir ganz plötzlich klar geworden sei, dass dieses Kleid für zweitausend Euro genau das sei, was ich mir schon immer von Herzen gewünscht hatte. Ob er mir das glauben würde?

Wenn ich dabei bliebe, würde Mark mir das glauben – und er würde dieses Kleid für mich kaufen. Im Gegensatz zu mir wäre ihm das Geld nicht zu schade. Ich war mit einem Mal sicher, dass er eine Menge tun würde, damit ich einen schönen Tag hatte. Diese Erkenntnis rührte mich so sehr, dass es mir sofort peinlich war. Das fehlte noch, dass ich in Tränen ausbrach, nur weil ich ein wenig zu lang vor der Auslage eines Hochzeitsausstatters gestanden hatte.

»Wie heißt er denn?«

»Das weiß ich nicht, das habe ich vergessen.«

»Wo hat sie ihn kennengelernt?«

Ich war in der Mittagspause bei Silvia vorbeigefahren, weil ich wusste, dass sie mittwochs immer zu Hause war, denn am Mittwoch kamen Nele und Clara-Emilia früher aus dem Hort. Silvia hatte mir sofort die große Neuigkeit erzählt: So, wie es aussah, hatte Sigrun einen neuen Freund.

»Und wo war sie am Wochenende?«

»In Binenwalde, in der Nähe von Neuruppin, sie haben sich dort ein Zimmer direkt am See gemietet.«

»Warum hat sie eigentlich nicht zurückgerufen?«

Silvia wrang mit bloßen Händen den dunkelgrauen Wischmop aus, mit dem sie den Küchenfußboden gewischt hatte, und strich sich anschließend eine Strähne aus dem Gesicht.

»In der Gegend gibt es keinen Handyempfang, Sigrun hat erst gemerkt, dass sie vermisst wurde, als sie gestern in der S-Bahn in Richtung Berlin saß. Plötzlich fing ihr Handy an zu piepsen, und sie hat die vielen Anrufe und Nachrichten gesehen.«

Nachdem sie das dreckige Wasser weggegossen hatte, begann Silvia Kartoffeln zu schälen. Ich wusste, dass Silvia mich für zwanghaft hielt, und wahrscheinlich hatte sie recht damit, denn ich hatte genau registriert, dass sie sich nach dem Kontakt mit dem Lappen nicht die Hände gewaschen hatte. Sie warf die geschälten Kartoffeln ins Wasser.

»Willst du mitessen?«

»Nein danke. Ich freue mich jedenfalls für Sigrun, dass sie einen neuen Freund hat.«

Silvia ging an den Kühlschrank und nahm zwei Pappschachteln aus dem Eisfach.

»Ja, das ist toll!«

»Ist es denn etwas Ernstes?«

»Sie hat gesagt, sie ist verliebt.«

Das hörte sich wirklich wunderbar an. Harald hatte also vorgestern Abend recht gehabt mit seiner Anspielung.

»Schnell, die Kartoffeln!«

Ich riss den Topf von der Platte, trotzdem konnte ich nicht verhindern, dass das Wasser überkochte. Silvia war gerade dabei, Öl in eine Pfanne zu kippen.

»Gibt es schon wieder Fischstäbchen?«, fragte ich.

»Wieso schon wieder?«

»Ich habe den Eindruck, immer wenn ich hier bin, gibt es Kartoffeln und Fischstäbchen.«

»Ach was«, sagte Silvia, »die mache ich ganz selten, außerdem sind die bio.«

Sie legte die gefrorenen Fischstäbchen ins heiße Fett, es zischte.

»Hoffentlich hat er keine Kinder.«

»Wieso?« Ich war erstaunt. »Sigrun hat doch nichts gegen Kinder.«

»Sigrun will unbedingt eigene Kinder haben, und da ist es doch doof, wenn der Mann schon welche hat.«

»Mein Gott, Silvia, sie waren das erste Wochenende miteinander verreist! Jetzt lass sie sich doch erst einmal kennenlernen.«

»Du kannst das nicht verstehen, du willst ja keine.«

Ich ärgerte mich; insbesondere deswegen, weil ich eigentlich hergekommen waren, um Silvia endlich zu erzählen, dass Mark und ich heiraten würden. Mark hatte nämlich noch einen Hochzeitstermin beim Standesamt für den letzten Freitag im Juli bekommen, und ich wollte die Feier am selben Abend machen.

»Silvia, das nervt! Auch wenn ich keine Kinder haben will, kann ich mich in andere Menschen hineinversetzen.«

»Na ja, du stehst ja insgesamt nicht so auf Familie.«

»Wie kommst du denn darauf?«

»Du äußerst dich immer so abfällig über die Beziehungen anderer Menschen, ist dir das eigentlich schon einmal aufgefallen?«

Silvia versuchte ein Stück verbrannte Panade aus der Pfanne zu fischen.

»Was?« Ich war wie vor den Kopf gestoßen. Ich verstand nicht, was Silvia mir da vorwarf und warum. Hatte sie sich über mich geärgert? Ich hatte schon vorgestern in der Bar das Gefühl gehabt, dass zwischen uns etwas nicht stimmte. Aber andererseits waren solche Phasen schon ein paarmal in unserer Freundschaft vorgekommen. Alle zwei Jahre bekam Silvia einen Schlechte-Laune-Anfall und war mit allem unzufrieden: mit Götz, mit ihrem Job, den Kindern, ihrem Aussehen. Und diese schlechte Laune ließ sie dann an mir und ihren Freundinnen aus. Es blieb einem nichts anderes übrig, als sie für ein paar Wochen zu meiden, denn ansprechen konnte man das Thema nicht. Zum Glück war es irgendwann wieder vorbei, und sie war so lustig und unbeschwert wie zuvor.

»Immer machst du kleine Bemerkungen. Das ärgert auch andere. Melissa fand das unmöglich, als du sie neulich gefragt hast, ob sie sich manchmal auch so vor ihrem Freund ekelt.«

»Aber das war doch lustig gemeint.«

»Das ist nicht lustig. Auf jeder Party musst du betonen, wie unabhängig du bist und dass du alleine wohnst und es nicht ertragen könntest, immer mit jemandem in einem Bett zu schlafen – so als hätten alle Leute eine Macke, die das tun.«

Es war wohl wieder so weit: Ich würde gleich gehen und mich frühestens in drei oder vier Wochen wieder bei Silvia melden. Aber gegen ihre infamen Unterstellungen hatte ich noch einen Trumpf in der Hand: »Weißt du, Silvia, eigentlich bin ich heute bei dir vorbeigekommen, um dich und Götz zu unserer Hochzeit einzuladen.«

»Wie?« Silvia war verblüfft.

»Mark und ich wollen heiraten.«

»Scheiße! Jetzt habe ich mich verbrannt!«

Sie hielt ihre Hand unter kaltes Wasser.

»Ihr wollt heiraten? Wirklich? Wann denn?«

»In vier Wochen.«

Silvia stellte die Pfanne beiseite und begann den Tisch zu decken. Ich sah ihr zu und versuchte zu begreifen, was in ihr vorging. Ich nahm mir vor, nach diesem Anfall diese Launenhaftigkeit doch einmal mit ihr zu besprechen, denn obwohl ich in den langen Jahren unserer Freundschaft begriffen hatte, dass es nichts mit mir zu tun hatte, kränkte es mich doch sehr.

»Wieso hast du mir das nicht früher gesagt?«, fragte Silvia.

Plötzlich befürchtete ich, dass Silvia schon längst von unseren Hochzeitsplänen gewusst und es sie verletzt hatte, dass ich ihr bis heute nichts davon gesagt hatte. Wenn das der Grund wäre, dann wäre alles ganz einfach: Ich würde mich entschuldigen, und alles wäre wieder gut.

»Ich wollte es dir schon lange sagen, aber dann kam dauernd etwas dazwischen, und dann war Sigrun verschwunden«, erklärte ich.

»Ich finde das nicht richtig, dass du Mark heiratest«, unterbrach mich Silvia.

Sie stand vor mir und zeigte mit einer Gabel auf mich.

»Weißt du eigentlich, was das für Marks Kinder bedeutet, wenn ihr beide heiratet? Hast du daran schon einmal gedacht? Siehst du, das hast du nicht«, sagte sie triumphierend, als ich nicht antwortete.

»Versetz dich mal in ihre Lage. Sie müssen mitansehen, wie ihr Vater die Frau heiratet, die ihnen den Vater weggenommen hat. Weißt du, so eine Heirat bedeutet den Kindern noch was, das ist für die nicht irgendein Lifestyle-Event. Aber du, du denkst immer nur an dich.«

Ich nahm meine Tasche vom Stuhl und ging in Richtung Tür. Ich hatte ein leichtes Pfeifen im Ohr, und mir war schwindelig. Was Silvia gesagt hatte, schockierte mich. Da war es wieder: Du hast den Kindern den Vater weggenommen, du hast eine Familie zerstört! Ich war damals wirklich überrascht gewesen, wie viele Leute in unserer Umgebung mit Wut und Abneigung reagierten, als Mark und ich ein Paar wurden. Einige von ihnen trugen mir das immer noch nach, wie etwa der Schwager von Mark oder die Frau eines guten Freundes. Das war insofern absurd, als keiner von ihnen wissen wollte, wie es dazu gekommen war, dass Mark und ich uns ineinander verliebt hatten.

Und nun Silvia. Sie identifizierte sich plötzlich nicht mehr mit mir, sondern mit einer Frau, die sie gar nicht kannte, nämlich mit Marks Exfreundin. Weil die wie Silvia zwei Kinder und einen Mann gehabt hatte – bis ich ihr den Mann angeblich weggenommen hatte.

Im Treppenhaus rief Silvia hinter mir her: »Bleib doch, Rebecca, so war es doch nicht gemeint!«

Ich antwortete nicht.

---

»Warum sagt sie so was?«

»Weiß ich nicht, vielleicht ist Silvia eifersüchtig.« Mark saß am Computer. Er war erst sehr spät zum Abendessen gekommen, und obwohl es inzwischen nach dreiundzwanzig Uhr war, musste er noch an einer Bauzeichnung arbeiten.

»Auf was denn?«

»Frauen sind doch immer eifersüchtig wegen irgendwas.«

»Was redest du da?«

»Bitte, Rebecca, lass mich arbeiten, ich muss das hier fertig bekommen, und das Programm macht nicht, was ich will.«

Ich räumte den Tisch ab. Den ganzen Nachmittag war Mark nicht zu erreichen gewesen, und ich hatte bis abends warten müssen, um ihm endlich zu erzählen, dass Silvia mit unserer Heirat überhaupt nicht einverstanden war.

»Findest du das nicht unverschämt, dass sie behauptet, ich wäre total egoistisch? Zu unserer Hochzeit lade ich sie nicht mehr ein, ich will sie nicht mehr sehen.«

»Hm.«

»Hörst du mir überhaupt zu?«

»Bitte, nerv mich nicht. Können wir nicht später darüber sprechen?«

Nun wurde ich richtig wütend. »Du kommst zu mir, setzt dich an den Tisch und isst, und wenn ich mit dir sprechen will, nerve ich dich!«

»Bitte entschuldige, ich höre mir das nachher an, aber die Handwerker warten auf diese Zeichnung. Das ist wichtig.«

Ich sah natürlich, dass Mark überhaupt keine Zeit hatte, aber ich war zu aufgewühlt, um darauf Rücksicht zu nehmen.

»Weißt du, ich verstehe das nicht. Sie ist doch meine Freundin, wie kann sie mir da so in den Rücken fallen?«

»Na ja, so aus der Luft gegriffen ist das ja auch wieder nicht, was Silvia dir da vorwirft.«

Mark sah nicht so aus, als hätte er gerade einen Scherz gemacht. Meine erste Idee war, dass er absichtlich etwas Gemeines gesagt hatte, damit ich ihn in Ruhe ließ. Ich starrte ihn an, bis er sich genötigt fühlte, sich zu erklären.

»Es geht ihr nicht darum, dass du keine Kinder hast, sondern dass du anderen das Gefühl gibst, sie hätten ihre Kinder nur bekommen, weil ihnen nichts Besseres eingefallen ist … Scheiße, warum zeigt er jetzt alles in Inch?«

Ich war so überrascht, dass ich anfing zu stottern. »Das, das stimmt doch gar nicht.«

»Doch, das ist schon fast ein Tick von dir; du unterstellst vielen unlautere Motive: Antje hat nur geheiratet, weil sie nicht allein sein kann, Harald und Jan-Hendrik lieben sich angeblich gar nicht, und Annette und ich haben Kinder bekommen, weil uns langweilig war.«

Mark und seine Exfreundin, nun waren sie wieder zusammen, und ich war außen vor.

»Aber das habe ich nie gesagt!« Mir kamen die Tränen.

»Mir ist das nicht so wichtig, ich erwähne es nur, weil du

dich wunderst, wie Silvia darauf kommt. Mir ist auch aufgefallen, dass du mit meinen Töchtern gar nicht so viel zu tun haben willst, und vielleicht verstehst du wirklich nicht, was andere an Kindern finden.«

»Es sind ja auch nicht meine!«, rief ich.

Mark stand auf. »Wie gesagt, ich verlange auch nicht, dass du dich für sie interessierst. Ich muss mal telefonieren.«

Marks Gleichgültigkeit war ein Schock für mich. Ich verstand überhaupt nicht, wie mir geschah. Das Einzige, was ich getan hatte, war, vor ein paar Monaten Marks Heiratsantrag anzunehmen, und offensichtlich hatte ich mir damit schon zu viel erlaubt. Jedenfalls schien es so, wenn man Mark und Silvia hörte, die sich beide darin einig waren, dass eine Frau ohne Kinder sowieso ein Mensch ohne Gefühle war und so etwas wie Glück nicht verdient hatte.

Mark drehte mir den Rücken zu und hatte sein Telefon am Ohr. Ich ging auf ihn zu und brüllte:

»Wie behandelst du mich? Was willst du denn eigentlich von mir, wenn ich so eine kalte Frau bin?«

»Sag mal, siehst du nicht, dass ich im Stress bin?« Mark schrie jetzt auch.

»Hast du Verständnis, auf alle kannst du eingehen, nur nicht auf mich. Für Beatriz bist du da und für Steffen. Aber wie es mir geht, das ist dir egal!«

Mark sah meine Tränen und versuchte mich zu umarmen, aber ich stieß ihn weg.

»Es tut mir leid, ich hätte nicht kommen sollen, ich wäre besser im Büro geblieben.«

Das war es nicht, was ich hören wollte. Ich hätte Trost und Beistand gebraucht – gerne auch geheuchelt, mir doch egal. Stattdessen hatte Mark mich im Stich gelassen. Und nun meinte er, es sei eine bessere Idee, mich Problemfall einfach zu meiden.

»Ja, vielleicht«, sagte ich, öffnete die Wohnungstür und reichte ihm seine Jacke. »Und am besten ist, du fährst jetzt gleich dahin zurück.«

---

»Findest du auch, dass ich egoistisch bin?«, fragte ich meinen Vater am Telefon.

»Weil du keine Kinder willst? Weißt du, Rebecca, die anderen sind auch egoistisch, nur auf andere Weise.«

»Sollte ich mehr mit Marks Kindern unternehmen?«

»Du willst nicht, dann mache es nicht. Punkt. Es hat wirklich keinen Sinn, darüber nachzudenken, warum du dazu keine Lust hast.«

»Aber mich erstaunt, dass ich offensichtlich für etwas berühmt bin, das mir selbst nicht bewusst ist. Mache ich mich wirklich ständig über die Beziehungen anderer Leute lustig?«

»Was ist auch so toll an diesen Beziehungen?«, fragte mein Vater. Ich hörte, wie er sich eine Zigarette anzündete. »Mich nervt das doch auch, in Israel ist es noch viel schlimmer. Alles dreht sich dort ums Heiraten, und wenn einer nicht heiratet, macht er sich verdächtig. Und kaum hat ein Paar das zweite Kind bekommen, fragen sie schon, wann das dritte kommt.«

Ich wollte aber nicht über israelische Verhältnisse reden, sondern über mich. Ein alter Verdacht war aufgetaucht, nämlich der, dass mich meine Familie bis an mein Lebensende prägen würde. Ein paar wunderbare Jahre hatte ich geglaubt, diese Altlast überwunden zu haben, nun hatte ich erfahren, dass ich mich geirrt hatte.

»Meinst du, das liegt an Mama, dass ich keine Familie haben will?«

Mein Vater lachte.

»Ich glaube eher, das hast du von mir. An meinen Eltern kann es wiederum nicht liegen, denn alle meine Geschwister haben geheiratet, und keiner von ihnen hat sich bis heute scheiden lassen ...«

»Warst du jemals traurig darüber?«

»Warum sollte ich traurig darüber sein? Jeder darf doch zum Glück machen, was er will.«

»Meine Angst ist nur, dass ich etwas will, was ich aber eigentlich nicht will, und das nur, weil ich es selbst nicht kenne.«

»Wie bitte?«

Ich versuchte, mich einfacher auszudrücken: »Dass ich, weil ich als Kind unglücklich war, niemals mehr glücklich sein kann.«

»Aber du bist doch glücklich!«, rief mein Vater triumphierend. »Erst dieses Kinderthema hat dich unglücklich gemacht. Du hast jedenfalls alles, was ein Mensch braucht, um glücklich zu sein. Lass dir das von deinem Vater sagen.«

Es tat mir gut, mit meinem Vater zu sprechen. Ich kam auf die Idee, die Gelegenheit zu nutzen und etwas zu fragen, was ich schon lange wissen wollte. Eine Frage, auf die ich von meiner Mutter nie eine ehrliche Antwort bekäme.

»Glaubst du, meine Mutter hat mich nur bekommen, damit du bei ihr bleibst?«

»Ach, Rebecca«, mein Vater klang mit einem Mal sehr traurig. »Sag das nicht. Das stimmt nicht, du warst ein Wunschkind. Deine Mutter und ich haben uns so gefreut, als klar war, dass sie schwanger war. Eine Flasche Champagner haben wir auf dich getrunken. Dass wir uns nicht verstanden haben, hatte nichts mit dir zu tun.«

Sollte ich das glauben? Vielleicht, denn es wäre doch schöner, wenn es so war, wie mein Vater es beschrieb. War es nicht außerdem egal, warum man mich in die Welt gesetzt hatte? Hauptsache, man mochte mich jetzt so, dass man mir den Gefallen tat, mir zu erzählen, dass ich ein Wunschkind war. Aber so einfach war die Sache dann auch wieder nicht. Immerhin hatte mein Vater vor vierundvierzig Jahren trotz aller Freude darüber, dass ich auf der Welt war, meine Mutter gleich nach der Geburt allein gelassen.

»Wann ist eigentlich eure Trauung?«, fragte mein Vater.

»Ich weiß nicht, ob wir noch heiraten werden.«

»Wegen der Kinder? Wegen so einer Sache zerstreitet man sich nicht.«

»Da bin ich mir nicht so sicher.«

»Jedenfalls habe ich eine ganz tolle marokkanische Band entdeckt. Die könnten auf eurer Hochzeit spielen.«

»Eine marokkanische Band? Um Gottes willen, das will ich nicht.«

»Aber das haben alle deine Cousinen und Cousins gemacht, erinnerst du dich? Vor zwanzig Jahren, als alle geheiratet haben und wir fast jede Woche auf eine Hochzeit eingeladen waren. Du fandest das auch immer schön.«

»Aber bei den letzten Hochzeiten von Keren und Rottem wurde keine marokkanische Band mehr bestellt, da gab es einen DJ.«

»Das war grauenvoll, diese schlimme Discomusik hat niemandem gefallen.«

»Stimmt, es war grauenvoll.«

»Maria und ich würden euch die Band schenken.«

Das Angebot war natürlich rührend, denn ich wusste, dass Maria und mein Vater nicht viel Geld hatten und wahrscheinlich sogar eines der Ölbilder verkaufen würden, die Maria von ihrem Vater geerbt hatte, nur um die Band zu bezahlen.

»Aber die meisten meiner Gäste hören keine marokkanische Musik, und dazu tanzen können sie auch nicht.«

»Hauptsache, dir gefällt es. Überlege es dir.«

»Mach ich.«

»Gute Nacht, meine Liebe«, sagte mein Vater und legte auf.

# DER SCHÖNSTE TAG IM LEBEN EINER FRAU: DIE SCHEIDUNG

Geschrei, Kinder weinen, eine Tür knallt so laut, dass es alle im Hotel hören. Wutentbrannt rennt Angelina den Hotelgang entlang, einige meinen sogar Tränen in ihren Augen schimmern zu sehen. Dabei war doch vor Kurzem noch alles in bester Ordnung zwischen ihr und Brad. Bis die beiden beschlossen haben zu heiraten – seitdem gibt es Streit.

Eine junge Frau überwirft sich mit ihrem Verlobten, weil dieser ihr per SMS mitgeteilt hat, dass er sich am Abend eine Band anhören wolle, die sie für die Hochzeitsfeier buchen könnten. Ihr Kritikpunkt: Er hätte sie vorher fragen sollen, ob es ihr recht sei, dass er sich eine Band anhört, die – falls sie ihm gefiele – mit in die engere Wahl genommen wird. »Wir hatten doch beschlossen, dass wir alles, was unsere Hochzeit betrifft, gemeinsam entscheiden«, beschwert sie sich auf www.gofeminin.de.

In Berlin löst die Polizei im Herbst 2012 eine Massenschlägerei auf, die sich daran entzündet hat, dass zwei Familien sich nicht einigen konnten, welche Bauchtänzerin bei dem Hochzeitsfest ihrer Kinder auftreten sollte.

Ein Freund von mir redet seit seiner Hochzeit kein Wort mehr mit seinen Eltern, weil sie sich geweigert hatten, das Restaurant zu betreten, das ihr Sohn für das Mittagessen der Hochzeitsgesellschaft ausgesucht hatte.

Eine Hochzeit ist nach wie vor kein harmloser Pakt, der nur die beiden Menschen angeht, die ihn miteinander schließen. Dieser Pakt ruft archaische Reaktionen hervor: Die Rollenverteilung in den beiden Sippen werden neu gemischt, und da heißt es, alte Privilegien zu verteidigen beziehungsweise seine Chancen zu nutzen und sich gleich von Anfang an Macht und Einfluss in dieser neuen Konstellation zu sichern.

Freunde, Tanten, Schwestern und Cousins mischen sich in die Hochzeitsvorbereitungen ein und können sehr verärgert reagieren, wenn man ihre Anregungen zurückweist. Sogar mein Vater war ja gekränkt gewesen, als ich ihm sagte, dass ich für unsere Hochzeitsparty keine marokkanische Band mieten will, die arabische Klassiker aus den 1960ern spielt.

Zum Glück hatte Marks Mutter sich bisher zurückgehalten. Weder hatte sie ausgerufen, dass wir ihre Enkel unglücklich machen, noch ist sie uns um den Hals gefallen vor Freude. Andere Frauen sind da anders. Plötzlich wird die Mutter des Freundes zur »SchwiMu«, so die Abkürzung von »Schwiegermutter« in den Internetforen von Frauenzeitschriften, und als zukünftige SchwiMu zeigt sie mit einem Mal ihr wahres Gesicht, sie will bestimmen, sich einmischen, verurteilen, kritisieren, so liest man es im Internet. Die Hölle beginnt mit den Hochzeitsvorbereitungen.

Das Schlimmste sind jedoch die undankbaren Gäste. Werden sie nicht eingeladen, sind sie beleidigt, lädt man sie ein, hat man den Eindruck, man habe ihnen eine lästige Pflicht aufgetragen. Sicher haben einige von ihnen ein schlechtes Gewissen, wenn sie sich nicht richtig amüsieren, obwohl sie wissen, wie viel das Brautpaar für den Raum, das Essen, die Band oder den DJ ausgegeben hat. Familienmitglieder aus dem Ausland reut wiederum das viele Geld, das sie für Flugticket und Hotelübernachtung bezahlt haben – und das nur, um einen Abend lang neben ihnen völlig unbekannten Menschen zu sitzen, die ihre Sprache nicht verstehen.

Unangenehm steif sind die meisten Hochzeitspartys auch deswegen, weil sich dort Menschen begegnen, die sonst nie miteinander zu tun hätten. Aber selbst gute Freunde kommen sich deplatziert vor, wenn ihnen die altbekannten Weggefährten plötzlich als Hochzeitspaar gegenübertreten und von ihnen verlangen, ihre innige Liebe zu beklatschen, von der die Freunde bisher gar nicht so viel gemerkt haben.

Wie schön wäre es, wenn man drei oder vier Jahre später genauso von Herzen gratulieren dürfte, wenn die beiden sich wie erwartet getrennt haben. Warum feiert eigentlich so selten jemand seine Scheidung? Ich war jedenfalls noch nie zu einer Scheidungsparty eingeladen. Wäre eine Scheidung nicht viel mehr ein Grund zum Feiern? Auf jeden Fall wäre sie einfacher zu zelebrieren als die Hochzeit. Man muss sich nicht mit dem Partner und der SchwiMu absprechen, man kann einladen, wen man will, und anziehen, wozu man Lust hat.

Plötzlich habe ich eine Idee – ich höre auf mit dem Schreiben und Werbetexten und werde Scheidungsplanerin. Ich mache ein Büro auf und helfe Menschen, ihre Scheidung zu organisieren. Wenn es gut läuft, dann eröffne ich weitere Agenturen, die Menschen beim Zelebrieren von verpatzten Prüfungen, Kündigungen und anderen Missgeschicken zur Seite stehen.

Als Erstes brauche ich einen Businessplan. Nun waren unsere etwas halbherzigen und wahrscheinlich überflüssigen Hochzeitsvorbereitungen doch noch zu etwas nutze, denn ohne sie wäre ich nie auf diese fabelhafte Geschäftsidee gekommen.

Wie feiert man eine Scheidung? Auf keinen Fall darf es ein steifes Fest sein, bei seiner Scheidung sollte man ordentlich auf die Kacke hauen, schließlich geht es an diesem Tag um die wiedergewonnene Freiheit. Kernaussage dieser Veranstaltung ist: Nicht die Heirat, die Scheidung ist der schönste Tag im Leben einer Frau!

Ich brauche keine Minute, um festzustellen, dass es alles schon gibt: Scheidungsplaner, Scheidungsforen und sogar eine Scheidungsfotografin finde ich im Internet. Letztere fotografiert einen dabei, wie man triumphierend sein Hochzeitskleid zerschneidet und sämtliche Bilder, auf denen man gemeinsam mit dem Liebsten zu sehen ist, den Flammen übergibt. Für die besondere Scheidung bietet Monika Faßmer natürlich auch Ausgefallenes an: So kann man sich vor ihrer Kamera beim sogenannten Husky-Shooting von dressierten Huskys das Kleid zerreißen lassen. Die Fotos kann man dann den Schwiegereltern als Andenken schenken.

Christopher Pruefer richtete vor einigen Jahren Europas größtes Scheidungsportal ein und ist inzwischen in Deutschland ein gefragter Antiweddingplaner. Er macht das Geschäft mit den kaputten Ehen. Die Rituale für die Scheidung hat er sich von seinem japanischen Kollegen Hiroki Terai abgeschaut hat, wie zum Beispiel gemeinsames Ringezertrümmern und Blumen-hinter-den-Rücken-Werfen. Hiroki Terai aus Tokio hat sich bereits zehn Jahre früher als Christopher Pruefer gefragt, warum es für die Hochzeit viele Rituale gibt, aber für die fast unvermeidliche Scheidung kein einziges. In seinem Land sind die Scheidungszahlen nämlich sehr hoch, bei steigender Tendenz. Jedes Jahr lassen sich circa 270 000 japanische Ehepaare scheiden. Inzwischen hat er etwa hundert von ihnen bei ihrer Scheidung begleitet, neun Paare haben sogar durch das Ritual von Terai wieder zueinandergefunden. Nun möchte er mit seiner Firma ins Ausland expandieren, denn in Südkorea sind die Scheidungszahlen noch höher als in Japan.

Auch Dr. Dr. Rainer Erlinger wurde vor nicht allzu langer Zeit im »SZ-Magazin« befragt, ob es denn überhaupt erlaubt sei, seine Scheidung zu feiern, und er antwortete, dass im Grunde nichts dagegenspreche.

Offensichtlich spielen viele Leute mit dem Gedanken, ihrer Scheidung mehr Würde und Gewicht zu verleihen, man traut sich halt noch nicht so richtig.

Die, die es tun, haben übrigens auch ohne gesellschaftliche Vorbilder Rituale für den Übergang von »verheiratet« zu »geschieden« gefunden. Wer ab und an Klatschzeitungen liest, kann drei verschiedene Muster der Scheidungsbewältigung ausmachen:

Das beliebteste Ritual scheint das demonstrative Poussieren mit einer bisher im Bekanntenkreis nicht eingeführten Person zu sein. Bedingung für dieses Ritual ist natürlich, dass man eine solche Person zum Zeitpunkt seiner Scheidung zur Hand hat. Diese Person muss nicht nur bereit sein, sich für diese Rolle herzugeben, sondern sollte auch ein Mindestmaß an Attraktivität besitzen, zumindest genug, um beim Expartner nagende Neidgefühle zu erregen.

Vorbild ist hier Lothar Matthäus, der Anfang 2011 nach seiner Scheidung von Liliana zur Feier des Tages mit einer schönen Frau beim Edelitaliener H'ugo's essen ging, sodass ganz München ihnen beim Lachen und Flirten zusehen konnte.

Ein anderes Ritual wird eher von Frauen als von Männern ausgeübt und ist etwas souveräner und damit in der Wirkung auf den Expartner ungleich subtiler. Katie Holmes, die Exfrau des Schauspielers Tom Cruise, hat es im Jahr 2013 vorgemacht. Man trifft sich am Tag der Scheidung oder auch ein Jahr danach mit seinen Freundinnen und Freunden, spendiert ihnen teure Häppchen und Champagner und dankt ihnen für ihre Unterstützung in der schweren Zeit.

Gleichzeitig versichert man allen, die man trifft, dass man sich nicht sofort in die Suche nach einem neuen Partner stürzen, sondern sich auf sich selbst besinnen wird. Die Scheidungsparty für gute Freunde hat gleich mehrere Vorteile, sie wirkt glaubwürdig und weckt Anteilnahme und Mitgefühl, wenn nicht gar Hochachtung. Besonders effektiv ist dieses Ritual, wenn der Expartner auf die Idee kommt, die Scheidung mit dem »Poussier«-Ritual zu begehen, denn wie schön, klug oder reich die Person auch ist, mit der sich der Ex an diesem Tag tröstet – neben dem Verflossenen, der sich ganz auf sich besinnt, wirkt sein Verhalten einfach armselig.

Am allerschönsten ist es jedoch, die Scheidungsparty gemeinsam mit dem Expartner auszurichten.

Den Tag der Scheidung gemeinsam zu verbringen ist sicher das eleganteste Ritual von allen. Manche Menschen schaffen es, sich scheiden zu lassen, ohne die Achtung voreinander zu verlieren, so wie zum Beispiel Sänger Howard Carpendale und seine Exfrau Claudia. Die beiden ließen sich 2005 nach dreiunddreißig Jahren Ehe scheiden, und zwar – so Claudia Carpendale – bevor sie es noch ganz vergaßen, schließlich lebten die beiden seit über achtzehn Jahren nicht mehr zusammen. Den Tag der Scheidung haben sie jedenfalls zusammen in einem Kölner Restaurant gefeiert.

Überhaupt könnte durch Paare, die ihre Scheidung ganz ungezwungen mit Freunden und Familie feiern, allmählich das Bewusstsein geschaffen werden, dass eine lange Ehe nicht automatisch eine gute Ehe ist. Das Geheimnis einer langen Ehe sei, sich einfach nicht scheiden zu lassen, bemerkte einmal der Literaturkritiker Marcel Reich-Ranicki sehr treffend – ein schöner Seitenhieb auf alle, die sich mit ihrer haltbaren Ehe brüsten und auch immer gleich dazusagen, wie man es schafft, so lange verheiratet zu bleiben. Tolerant müsse man sein und zu Kompromissen bereit, verzeihen können und nicht immer nur an sich denken. Man könnte auch sagen, wer lange mit einer Person verheiratet bleiben möchte, muss in der Lage sein, Langeweile und Nervereien zu ertragen, und er sollte eine gute Portion Resignation und Angst vor dem Verlassenwerden mitbringen, sonst steht er die Sache nicht durch.

Eine Scheidung ist sicher nicht selten der Anfang eines besseren Lebens, weil sie das Ende von Ödnis und Demütigungen, Routine und Ärger bedeutet. Warum also dieses Ereignis nicht zelebrieren?

Je nach Stimmung kann man an diesem Tag mit seinem Exehepartner die gemeinsame Wohnung verwüsten, das heißt, eine Art Scheidungspolterabend veranstalten, an dem man noch ein letztes Mal durch die Wohnung geht und mit Erlaubnis des Ex die Dinge zerstört, die man in den letzten Jahren ganz besonders hassen gelernt hat (Haustiere ausgenommen).

Vielleicht kann man sich auch unter der Anleitung eines ehemaligen Preisboxers gegenseitig verprügeln oder vor Freunden eine Scheidungs-Diashow zeigen, mit deren Hilfe man die entscheidenden Stationen seiner Ehe genau erläutert:

»Hier hat Jason mich zum ersten Mal vor fremden Leuten verraten.«

»An diesem Tag merkte ich zum ersten Mal, was für Welten zwischen mir und Irmelin liegen.«

»In dieser Bäckerei begriff ich, dass Uwe genauso pedantisch ist wie sein Vater.« Und so weiter.

Solch ein Vortrag würde sich wohltuend von dem Kitsch abheben, der über das Paar auf seiner Hochzeitsfeier verbreitet wurde, und vielleicht auch unter den Gästen die eine oder andere ehrliche Diskussion anstoßen.

Allgemein verbindliche Scheidungsrituale gibt es noch nicht, weil es noch nicht so lange her ist, dass eine Ehe als unauflöslich galt. Da es aber heute problemlos möglich ist, sich im Laufe seines Lebens ein- oder mehrmals scheiden zu lassen, wird man früher oder später auch diese Ereignisse feiern. Bald werden uns Scheidungspartys nach amerikanischem oder asiatischem Vorbild genauso normal vorkommen wie Junggesellen- beziehungsweise Junggesellinnenabschiede. Man kann sich also schon heute überlegen, was man zu seiner ersten Einladung zu einem Scheidungsfest tragen möchte.

# EINE HOCHZEIT ZUM VERSCHIEBEN

Als Mark am frühen Abend zu mir kam, trug er einen Ring am Finger, einen schlichten, mittelbreiten Ehering. Ob dieser aus echtem Gold war oder nur vergoldet, konnte ich nicht erkennen. Allein die Tatsache, ihn an dieser Stelle zu sehen, machte mich sprachlos.

»Wir haben heute Vormittag geheiratet, hast du das vergessen?«

Ich hatte es tatsächlich vergessen; dass es so schnell gehen würde, hätte ich nicht gedacht. Ein seltsames Gefühl, ich setzte mich aufs Sofa. Ab heute war Mark also ein verheirateter Mann.

»Komisch war das, wir hätten noch nicht einmal Trauzeugen gebraucht, meine Schwester hätte sich die Fahrt zum Standesamt also sparen können. Das ist früher anders gewesen.«

Eine Weile saßen wir nebeneinander und schwiegen. In mir machte sich eine leichte Traurigkeit breit. Das war es also für mich mit der Ehe. Aus und vorbei.

Ich stand auf, um mich umzuziehen. Ich entschied mich für das schwarz-weiße Chanel-Kleid, das Mark mir einmal in Marseille gekauft hatte. Er trug seinen beigen Anzug, ich fand, wir sahen toll aus.

»Wo gehen wir denn hin?«, fragte ich.

»Ich weiß es selbst nicht, wir werden angerufen.« Mark stand in meinem Flur vor dem großen Spiegel und machte sich Gel in seine Locken.

»Wie sehe ich aus?«

»Wie ein Zuhälter.«

»Wunderbar. Ich bin fertig, du auch?«

Wir setzten uns auf den Balkon und warteten.

»Hat es geklingelt?«

»Nein.«

Ich war etwas aufgeregt und wusste nicht, warum. Es war schließlich nicht unsere Hochzeit, die wir an diesem Abend feierten.

»Wenn sie sich bis halb neun nicht meldet, dann bleiben wir hier, ich habe jetzt schon Hunger«, sagte Mark.

Unten auf der Straße hupte jemand.

Wieder hörten wir die Autohupe, Mark stand auf und schaute über die Brüstung. Er lachte auf: »Ein schwarzer Citroën DS, schau.«

Ich schaute ebenfalls nach unten. Auf der Straße stand der berühmte Citroën-Klassiker, den Mark so liebte, die Türen öffneten sich, Beatriz und ein schwarzhaariger Mann stiegen aus.

»Wir holen euch ab!«, schrie sie und winkte uns zu.

Auch Beatriz hatte sich in Schale geworfen, der graue Anzug und der schwarze Hut standen ihr gut, aber am tollsten sah ihr Freund Mario aus, der zur Feier des Tages ein Jackett mit roten Pailletten trug. Mario hielt mir die Tür auf, Mark setzte sich ans Steuer.

»Wo soll ich hinfahren?«

»Du musst zur Friedrichstraße«, erklärte Beatriz, »aber wie du da hinkommst, ist mir egal, du kannst ruhig ein bisschen rumgurken, das Auto haben wir den ganzen Abend für dich gemietet.«

»Dann fahre ich jetzt nach Potsdam und zurück.«

»Nicht nach Potsdam«, protestierte ich lachend und schloss die Beifahrertür.

Mark fuhr einmal die Wallstraße hinauf und hinunter, bog dann in die Köpenicker Straße ein und machte einen großen Umweg über Kreuzberg. Immer wenn wir an einer Ampel hielten, zeigten Fußgänger auf unser Auto.

»Blumenschmuck fehlt natürlich«, sagte Mario. Er und Beatriz saßen sehr eng nebeneinander, denn auf dem rechten Rücksitz stapelten sich gelbe Plastikkisten.

»Was ist da drin?«, fragte ich.

»Siehst du dann schon.«

Nun waren Mark und Beatriz ein Ehepaar, so war es abgemacht. Mark und ich hatten den Vorschlag gemacht, Beatriz hatte diese Möglichkeit in unserer Gegenwart nie erwähnt. Eine Stunde hatte unser Gespräch vor vier Wochen gedauert, vielleicht sogar weniger, danach hatte Mark zum Telefon gegriffen und Beatriz gefragt, ob sie sich vorstellen könne, ihn zu heiraten.

Ein Umstand, der uns die Entscheidung erleichtert hatte, war die Tatsache, dass sie lesbisch war, was bedeutete, dass sie nicht unerwartet schwanger werden würde und Mark plötzlich Unterhalt für ihr Kind zahlen müsste.

»Hast du ihr gesagt, dass wir von ihr einen Einser-Abschluss erwarten?«

»Habe ich, sie hat es versprochen.«

Mark hatte Beatriz geheiratet, damit sie ihre neue Heimat Deutschland nicht verlassen musste und Kinderärztin werden konnte. Vielleicht würde sie in ein paar Jahren nach Bolivien zurückkehren und eine Kinderklinik gründen, so wie es ihr Traum war. Doch vielleicht würde sie auch in Deutschland ihre Traumfrau kennenlernen, sie heiraten, nachdem sie sich von Mark hatte scheiden lassen, Kinder adoptieren, glücklich werden.

An der nächsten Ampel nahm Mark meine Hand und küsste sie.

»Wir können immer noch heiraten, sobald Beatriz ihre Aufenthaltserlaubnis hat«, flüsterte er.

»Ach Quatsch, ist doch in Ordnung so«, flüsterte ich zurück.

An dem Abend, als wir beschlossen hatten, dass Mark Beatriz anbieten würde, sie zu heiraten, hatte ich an vieles gedacht. Das Wort »Scheinehe« war mir eingefallen und vor allen Dingen, wie unpassend es in diesem Falle war. Denn warum sollte ein Mensch den Ort verlassen müssen, den er sich zum Lebensmittelpunkt erkoren hatte? Nur wenn diese Person heiratete – so das Gesetz –, war dieser Umstand angeblich bewiesen. Aber war er nicht genauso bewiesen, wenn man in seiner neuen Heimat Freunde gefunden hatte, die bereit waren, einen zu heiraten, damit man hierbleiben konnte?

Bis vor ein paar Jahren hat es am Checkpoint Charlie ein Wandgemälde gegeben. Die Schwarz-Weiß-Zeichnung zeigte Menschen hinter einem Zaun, und darunter war der Satz geschrieben: »Deutsche, wie beneide ich euch um euer Stück Papier.«

Als wir am Bahnhof Friedrichstraße über die Brücke fuhren, sagte Beatriz: »Hier musst du parken, beim Berliner Ensemble.«

Beatriz übergab jedem von uns eine Kiste, sie selbst nahm mehrere Tüten aus dem Kofferraum, wir folgten ihr über die Straße. Auf der Brücke standen Touristen und fotografierten die Boote auf der Spree. Plötzlich bog Beatriz noch vor der Brücke links ab und schlängelte sich durch die vielen Tische des Touristencafés. Zum Glück schien sie nicht in einem dieser Restaurants einen Tisch für uns reserviert zu haben, denn vor einem Baustellenzaun blieb sie stehen. Das Spreeufer war abgesperrt, die Häuser und Gärten wurden schon seit Jahren saniert. Mario bog den Zaun auf, und Beatriz stieg durch die Lücke auf die andere

Seite. Die Cafégäste vor ihren Eisbechern und Weißweingläsern schauten neugierig zu uns herüber.

»Eigentlich kann das, was Beatriz erlebt hat, jedem passieren, auch andere werden verlassen und müssen trotzdem ihr Studium zu Ende bringen«, hatte Mark vor einem Monat zugegeben. »Ich muss das natürlich nicht machen, aber ich würde ihr gerne helfen.«

In den ersten Minuten dieses Gespräches hatte ich nicht gewusst, was ich davon halten sollte, doch je länger Mark davon gesprochen hatte, desto sicherer war ich gewesen: Dies war der richtige Mann für mich. Mark wusste, was Freundschaft ist! Nicht viele Männer wussten das. Mark war befreundet mit Beatriz, mit Steffen, mit seiner Schwester und mit seiner Exfreundin. Seine Freunde konnten sich auf ihn verlassen, weil er kein Mensch war, der nur an sich selbst dachte – und deswegen gefiel er mir so gut.

»Wo gehen wir hin?«, fragte ich, als ich mich ebenfalls durch die Lücke im Zaun gezwängt hatte.

»Wisst ihr das nicht? Die beiden Gebäude am Wasser gehörten zur Charité. Die sind jetzt verkauft und werden renoviert. Aber der Generalschlüssel passt immer noch«, grinste Mario und zeigte uns seinen Schlüsselbund.

Er hielt den Zaun auch für Mark auf, und der quetschte sich durch die Öffnung.

Da kam Clara-Emilia durch das hohe, verwilderte Gras auf uns zugerannt und schrie: »Das Hochzeitspaar!«

»Clara-Emilia, was machst du denn hier?«

»Mama ist da vorne, Papa ist in der Halle da drüben und hängt Lampions auf.«

Clara-Emilia zeigte auf ein rotes Backsteingebäude, stark verwittert, aber mit einer herrschaftlichen Fassade. In der Säulenhalle des Portals sah ich Silvia und Jan-Hendrik rauchen und plaudern, daneben balancierte Götz auf einer Leiter. Die Frau, die ihm gerade einen Lampion reichte, war Sigrun, gleich neben ihr stand ein dunkelhaariger, schlanker Mann, den ich nicht kannte.

Allmählich war mir klar, was hier vor sich ging. Beatriz führte uns nicht einfach nur zum Essen aus, sondern sie hatte für mich und Mark eine richtige Hochzeitsfeier organisiert. Und irgendwie hatte sie es geschafft, alle unsere Freunde einzuladen, ohne dass wir es gemerkt hatten!

Silvia sah mich und kam mir entgegen. Sie umarmte erst mich, dann Mark. Erst vor einer Woche hatten wir uns versöhnt, sie hatte mich in ein Restaurant eingeladen und sich bei mir entschuldigt. Jetzt war mir klar, dass sie schon längst gewusst hatte, dass wir uns heute wiedersehen würden.

»Ich gratuliere dir«, flüsterte sie mir zu, »zu deinem tollen Freund. Harald war so gerührt, als er von Mark und Beatriz gehört hat, dass er euch dreien eine Hochzeitstorte gebacken hat. Du musst mitkommen, so etwas hast du noch nicht gesehen.«

»Nachher gibt es Torte und ein Feuerwerk«, erklärte Clara-Emilia. »Obwohl ihr ja gar nicht richtig geheiratet habt, hat Mama gesagt.«

»Mario hat sogar eine Band bestellt – aber keine Angst, ist keine südamerikanische Band, ich weiß ja, dass du keinen Salsa magst«, sagte Beatriz. »Ihr dürft aber noch nicht gucken kommen, wir holen euch, wenn es so weit ist. Das lasse ich euch da.«

Sie gab Mark zwei Gläser und eine Flasche Weißwein. Sie und Silvia gingen zum Haus zurück, wir setzten uns auf zwei Gartenstühle ans Ufer. Mark goss uns Wein ein und erzählte von der Trauung.

»Als wir nach der Zeremonie zu dritt vor dem Standesamt standen, habe ich gesehen, dass der Standesbeamte und eine

Frau uns aus dem Fenster beobachtet haben. Da habe ich Beatriz an mich gezogen, so, als wollte ich sie vor lauter Glück ganz spontan umarmen, aber sie hat natürlich nicht damit gerechnet und sich gewehrt. Das muss sehr merkwürdig ausgesehen haben.«

Wir lachten. Dann schauten wir aufs Wasser, in dem sich die Abendsonne spiegelte. Der Wein schmeckte gut, ich freute mich auf die Party und auf meine Freunde, die bereits drinnen auf uns warteten.

»Auf unsere Freiheit«, sagte ich plötzlich zu Mark und hob mein Glas.

»Auf unsere Freiheit? Ja, warum nicht?«

Wir küssten uns.

»Ich bin froh, dass ich dich fast geheiratet hätte«, sagte Mark. »Und ich werde das auch noch denken, falls wir einmal nicht mehr zusammen sein werden.«

Ich verstand genau, was er meinte, denn dasselbe hatte ich auch gerade gedacht.

# DER ANTI-WEDDING-PLANER

Wie feiert man eine Hochzeit, die schön ist, zu einem passt und ohne höfischen Aufwand auskommt?

Denn wie man an meinem Versuch zu heiraten sieht: Eine Hochzeit nach den eigenen Vorstellungen zu gestalten ist nicht so einfach.

Auf jeden Fall muss man verhindern, dass die Verwandten und Freunde wie unter einer Art Hypnose das herstellen, was ihnen als Traumhochzeit vorschwebt. Sehr gut fand ich die Idee der Berliner Radiomanagerin Miriam Feuerstein, die Gäste unter einem anderen Vorwand einzuladen. Bis zum letzten Moment hatte sie ihnen nicht gesagt, dass es sich um ihre Hochzeit handelte. Es wurde ein großartiges Fest, ohne Tischkarten, Hochzeitsspiele und Hochzeitszeitungen.

Im vorliegenden Anti-Wedding-Planer habe ich jede Aktion aufgelistet, die man sich getrost sparen kann. Besonders groteske Auswüchse an Hochzeitsvorbereitungen, wie sie in den Hochzeitszeitschriften beschrieben werden (etwa das Vergleichen von Brautschuhen in zehn verschiedenen Läden, das Brainstorming mit Freunden über die Art der Hochzeitstorte und die

Beratungsstunde über das richtige Papier für die Einladungen), habe ich gar nicht erst erwähnt.

Wer also seine Hochzeit nur veranstaltet, damit er endlich wieder ein Projekt hat, dem er sich voll und ganz widmen kann, für den ist mein Anti-Wedding-Planer ungeeignet.

Wer allerdings ein normales Leben führen und dennoch heiraten möchte, wird für meine Vorschläge dankbar sein, denn mit dem Anti-Wedding-Planer spart man viel Zeit und Geld. Selbstverständlich können auch nur einzelne Bausteine in die Hochzeitsplanung mit aufgenommen werden.

Die geschätzte Zeit- und Geldersparnis bezieht sich auf eine Hochzeit mit ungefähr sechzig Gästen.

## 1 Jahr vor der Hochzeit: Keine außergewöhnliche Location suchen

Warum einfach, wenn es kompliziert geht, dachte eine Freundin von mir, und anstatt in Berlin zu heiraten, wo es eigentlich genug tolle Locations gibt, suchte sie in Italien nach einem geeigneten Ort. Allein zweimal musste sie mit ihrem Freund hinfliegen, um die Modalitäten zu besprechen. Dann mussten sie günstige Pensionen und Hotels recherchieren, schließlich wohnte keiner ihrer Freunde und Verwandten in Italien. Am Schluss bezahlten sie für ein Drittel der Gäste die Flugtickets, da einige sich den teuren Wochenendtrip nicht leisten konnten. Origineller und gleichzeitig praktischer wäre es gewesen, im SEZ, dem Spaßbad der ehemaligen Hauptstadt der Deutschen Demokratischen Republik, zu heiraten. Das marode Glasungetüm ist nämlich keine fünf Minuten Fußweg von ihnen entfernt, und drinnen kann man unter Bananenpflanzen Billard und Badminton spielen, in ehemaligen Schwimmbecken tanzen und Roller fahren, sogar eine Kegelbahn gibt es. Allein die ungenutzten Räume zu besichtigen hätte die Gäste mindestens eine Stunde beschäftigt. Die wurden nämlich genau in dem Zustand belassen, in dem sie waren, als das Bad geschlossen wurde. In einem staubigen Bademeisterhäuschen steht noch das grüne Telefon, Schilder zeigen die Wassertemperatur vom 31. Januar 1990 an, im Partyraum hängen Poster der Rockgruppe Puhdys. Und wenn man vom Besichtigen müde ist, setzt man sich ins Gartenhaus, wo ein Kamin mit alten Holzverkleidungen beheizt wird, und schaut auf den völlig verwilderten Park. Mit anderen Worten, ein Ort, der in Italien schwer zu finden sein dürfte.

| | |
|---|---|
| Gesparte Kosten: | 800 – 3500 € |
| Gesparte Zeit: | 7 Tage |

## 1 Jahr vor der Hochzeit: Nicht in einem Hochzeitsforum anmelden

Es gibt zahlreiche Internetforen, in denen sich zukünftige Bräute über den Fortgang ihrer Hochzeitsvorbereitungen austauschen. Sie können dort wichtige Fragen klären: Wo gibt es beispielsweise die günstigsten Brautschuhe? Was macht man, wenn plötzlich der Fotograf absagt? Ist es erlaubt, bereits in der Einladung um Geld für die Feier zu bitten? An einer rosafarbenen Leiste unter jedem Beitrag können die anderen Forenmitglieder ablesen, wie viel Zeit der Glücklichen noch bis zum »Großen Tag« bleibt.

Leider bleiben die Bräute auch nach dem »Großen Tag« in Kontakt und informieren sich, dass »Krümel« unterwegs ist und wann er gezeugt wurde.

Wer Unbekannte sogar über den Tag der Empfängnis von »Krümel« informiert, hat grundlegende Dinge nicht verstanden. Nicht einmal seine besten Freunde belästigt man mit derartigen Intimitäten, und zwar aus einem entscheidenden Grund: Man ist und bleibt selbst die einzige Person, die das interessiert.

| | |
|---|---|
| Gesparte Kosten: | 00,00 € |
| Gesparte Zeit: | 40 h vor der Hochzeit, danach 2 h/Woche |

## 10 Monate vor der Hochzeit: Kein Brautkleid kaufen

Ein Brautkleid ist teuer. Wer wissen will, wie viel Frauen in Deutschland durchschnittlich für ein Hochzeitskleid inklusive Schleier, Schuhe, Strümpfe, Tasche und Handschuhe ausgeben, muss sich nur auf einem der vielen Hochzeitsforen im Internet anmelden.

| | |
|---|---|
| Gesparte Kosten: | 1000 – 2000 € |
| Gesparte Zeit: | 25 h |

## 8 Monate vor der Hochzeit: Kein Programm ausdenken

Sechs Wochen vor ihrer Hochzeit schreibt »Cora« in einem Hochzeitsforum, was sie sich als Programm ausgedacht hat. Sie hofft, dass »Brautstrauß werfen, Strumpfband versteigern, Bilder fürs Album machen und Ballons fliegen lassen« genug Programm für einen ganzen Abend ist und die Stimmung der Gäste bis zum Anschlag anheizen wird – wenn »da nicht immer so ein ungutes Gefühl mitschweben würde«.

Ihr ungutes Gefühl trügt nicht, denn rechnet man die Dauer der einzelnen Programmpunkte zusammen, kommt man ungefähr auf eine halbe Stunde. Gäste sollten nicht unterhalten, sondern besser beschäftigt werden. Wer beschäftigt ist, steht nicht in der Gegend herum und fühlt sich unwohl. Gäste können sich in mehreren Schichten als DJ betätigen (erspart auch den Hochzeits-DJ) oder sich beim Bar- oder Grilldienst abwechseln. Andere Gäste kümmern sich um das Lagerfeuer oder betreuen die Kinder. So fühlt sich jeder dafür verantwortlich, dass das Fest gelingt – die besten Voraussetzungen für eine rauschende Party.

| | |
|---|---|
| Gesparte Kosten: | 500 – 800 € |
| Gesparte Zeit: | 5 Tage |

## 7 Monate vor der Hochzeit: Keinen Hochzeitsfotografen buchen

Was ist noch schlimmer als eine Frau im Brautkleid neben einem Mann im dunklen Anzug vor einem Rosenbusch? Eine schlammverschmierte Braut auf einem Motorrad, ein klatschnasser Bräutigam mit einem Feuerwehrschlauch im Arm.

Der neueste Hit aus den USA bei der Hochzeitsfotografie heißt »Trash-the-Dress«, was bedeutet, dass man sich von einem Fotografen dabei ablichten lassen kann, wie man seine Hochzeitskleidung ruiniert. Dieser Spaß ist natürlich nicht ganz billig, und lange genug vorher anmelden muss man sich auch. Aber hinterher hat man wunderschöne Fotos, die niemand wirklich sehen will.

Es gibt Angelegenheiten, da wirkt das Bemühen um Originalität nicht originell, sondern verzweifelt. Meiner Meinung nach ist es für den Zweck völlig ausreichend, unter den vielen Fotos, die Familie und Freunde machen werden, ein paar herauszusuchen, die einigermaßen was geworden sind. Die Hauptzielgruppen dieser Bilder – Mütter und Großmütter mit nachlassender Sehkraft – sind nämlich sehr leicht zufriedenzustellen.

Wer immer noch nicht überzeugt ist, dass die Inanspruchnahme eines Profis meist zu geschmacklichen Verirrungen führt, der werfe einen Blick auf die Website des Schlecky Silberstein und schaue sich dort seine Sammlung der absurdesten Hochzeitsfotos an:

www.schleckysilberstein.com/2013/07/10-hochzeitsfotos-abseits-der-norm/

| Gesparte Kosten: | 500 – 800 € |
|---|---|
| Gesparte Zeit: | 1 Tag |

## 6 Monate vor der Hochzeit: Keinen Junggesellenabschied planen

Immer öfter wird man in europäischen Innenstädten beim abendlichen Bummel von Gruppen stark alkoholisierter Männer beziehungsweise inzwischen auch Frauen belästigt, die einen schreiend und kreischend in ihren Junggesellenabschied (JGA) einbeziehen. Eine Sitte, die man bis vor Kurzem nur in England kannte.

Die Tourismusbranche hat diesen Trend längst aufgegriffen, und JGA-Reisen sind zum festen Bestandteil des Eventangebots jeder Groß- und Kleinstadt von Norwegen bis Portugal geworden. In der Beschreibung dieser Angebote werden die Freunde des Mannes stets Kumpels genannt und die Freundinnen der Frau Mädels. Man kann seinen JGA auf rollenden Bierbikes feiern, auf Partybooten, in Straßenbahnen oder in Wellnesshotels. Wichtigster Aspekt bei diesen Angeboten – die Getränkeflatrate.

Der Gedanke hinter dem JGA ist, dass man am letzten Abend in Freiheit noch einmal die Sau rauslassen kann. Damit outet man sich in aller Öffentlichkeit als jemand, der es vollkommen in Ordnung findet, fremdbestimmt zu leben, und auch nicht vorhat, etwas daran zu ändern.

| | |
|---|---|
| Gesparte Kosten: | 600 € |
| Gesparte Zeit: | 48 h |

### 4 Monate vor der Hochzeit: Keine Einladungen drucken

Es ist erwachsener Menschen nicht würdig, rosa Karten mit eingeprägten Täubchen und/oder Herzchen zu versenden, um die eigene »Vermählung« anzukündigen. Unmodern ist es obendrein. Man kann sehr wohl zu seiner Hochzeit per Mail einladen, macht man doch zu anderen Gelegenheiten auch.

| | |
|---|---|
| Gesparte Kosten: | 120–250 € |
| Gesparte Zeit: | 9 h |

### 2 Monate vor der Hochzeit: Keine Gastgeschenke basteln

So sehr freut sich keiner über Selbstgebasteltes oder billige Süßigkeiten, dass man sich dafür in Unkosten stürzen müsste.

| | |
|---|---|
| Gesparte Kosten: | 150 € |
| Gesparte Zeit: | 6 h |

## 2 Monate vor der Hochzeit: Kein Hochzeits-Gourmet-Menü bestellen

Die meisten Menschen schätzen die sogenannte feine Küche nicht besonders. Und von servilen Kellnern ein Fünf-Gänge-Menü am Tisch serviert zu bekommen erzeugt in der Regel keine ausgelassene Stimmung. Marion Pfaus, Berliner Künstlerin und Filmemacherin, ging mit ihrem frisch angetrauten Ehemann und der Hochzeitsgesellschaft direkt vom Standesamt zu Konnopke's Imbiß, der berühmtesten Imbissbude Berlins. Sie musste nicht einmal vorbestellen. Kostenpunkt für Currywurst und Pommes pro Person drei Euro, Vegetarier bekamen ihre Pommes ohne Currywurst.

Am Abend können Sie servieren, was Sie wollen. Die Hauptsache ist: Ihre Gäste müssen aufstehen und es sich selbst holen. Der Gang zum Büfett mischt die Gesellschaft ständig neu, und niemand muss sich den ganzen Abend neben Onkels oder Tanten langweilen.

| | |
|---|---|
| Gesparte Kosten (geschätzt): | 1000 € |
| Gesparte Zeit (geschätzt): | 0 h |

## 4 Wochen vor der Hochzeit: Keinen Hochzeitsmercedes bestellen

Mit einem blumengeschmückten Oldtimer wird man von Verwandten oder Freunden überrascht – oder man fährt mit dem eigenen Auto oder mit der U-Bahn vom Standesamt zur Partylocation.

| | |
|---|---|
| Gesparte Kosten: | 350 € |
| Gesparte Zeit: | 4 h |

| | |
|---|---|
| Eingesparte Kosten insgesamt: | circa 6700 € |
| Eingesparte Zeit insgesamt: | 252 h |

## Die vorprogrammierte Katastrophe: die falsche Musik

Vielleicht kann mir ja hier jemand helfen: Bin auf der Suche nach Hochzeitsliedern mit schönen Texten, die einen »Gänsehautfaktor« haben ... und weiß gar nicht, wo ich mit dem Suchen anfangen soll! VIIIIIIIIIELEN DANK

Barbara

Wir hatten ihn bezahlt, damit er kommt, nun wollten wir ihm Geld geben, damit er wieder geht. Doch er nahm das Geld nicht, und als er mit sehr gekränkter Miene seine Hammondorgel wieder einpackte, merkten wir, dass auch ein Alleinunterhalter ein Mensch ist, und schämten uns fürchterlich.

Steffi

So ergeht es einem, wenn man die Hochzeitsplanung ironisch angeht und einen Alleinunterhalter oder eine absteigende Schlagergröße bestellt. Beim Buchen des Schlagerstars hat man noch einen irren Spaß, aber wenn dieser dann am Hochzeitsabend bitteren Ernst macht, kann man nur hoffen, dass die Gäste liebenswürdig genug sind, den Arglosen nicht von der Bühne zu buhen.

Einfach nur die Musik aufzulegen, die einem selbst gut gefällt, ist ebenfalls keine gute Lösung. Der Mann einer Freundin, ein bekennender Heavy-Metal-Fan, spielte auf seiner Hochzeit mit seinen Lieblingssongs zum Tanz auf, sodass am Ende die

Gäste, die nicht sofort geflüchtet waren, mit Knödeln aus Papierservietten in den Ohren beisammensaßen.

Aber auch wer kein Heavy-Metal-Fan ist, sollte für seine Hochzeitsparty nicht ausgerechnet die Lieder auswählen, bei denen er feuchte Augen bekommt. Die eigenen Vorlieben in puncto Musik sind immer etwas Intimes, und es gibt bestimmt den einen oder anderen Gast, der Barbra Streisands »Woman in Love« oder »You're Still the One« von Shania Twain nicht romantisch findet, sondern für eine geschmackliche Verirrung hält – und deswegen den Respekt vor einem verliert.

Ein befreundetes Paar wollte ebenfalls etwas Besonderes für seine Hochzeit haben und bemühte sich wochenlang um den Kontakt zu seinem Lieblings-DJ, denn bei einer seiner Sessions hatten sie sich schließlich kennengelernt. Irgendwann bekamen sie die Nachricht, dass ihr Held zugesagt habe, auf ihrer Hochzeit aufzulegen. Natürlich war man für diese Ehre bereit, die Organisation des Auftritts in die Hand zu nehmen, was hieß, sich um die Verlegung eines Spezialkabels im Partyraum zu bemühen, außerdem einen Tag vor der Party das Mischpult und die Boxen abzuholen und am Abend selbst den DJ höchstpersönlich herbeizukutschieren. Nur leider war der DJ bereits bei seiner Ankunft so bekokst, dass er kaum sprechen konnte. Nach vier lallend angesagten Titeln brach er zusammen. Sein Mischpult war so kompliziert zu bedienen, dass es keinem der siebzig Gäste gelang, einen iPod an die Anlage anzuschließen, mit dem man wenigstens die Musikauswahl hätte hören können, die die Gäste zufällig dabeihatten. Was an sich sowieso immer die beste Lösung für eine Hochzeit ist.

**Songs, die Sie auf keinen Fall auf Ihrer Hochzeit spielen dürfen:**
MIA. – Tanz der Moleküle
Bryan Adams – I Do It For You
Robbie Williams – Angels
James Blunt – You're Beautiful

Aerosmith – I Don't Want to Miss a Thing
Van Morrison – Have I Told You Lately
Shania Twain – From This Moment On
Whitney Houston – I Will Always Love You
Dirty Dancing – The Time of My Life
Xavier Naidoo – Sag es laut
Grönemeyer – Halt mich
Phil Collins – You'll Be in My Heart
John Denver – Annie's Song

## Erst lesen, dann heiraten

Eine kleine Auswahl an Filmen und Büchern, um das Heiraten noch einmal gründlich zu überdenken

### Filme:

**»Muriels Hochzeit«,** Australien, Frankreich 1994, P. J. Hogan
Muriel Heslop möchte heiraten, unbedingt. Zu den Klängen von ABBA träumt sie von ihrer Märchenhochzeit. Doch alles an ihr scheint dagegenzusprechen: Muriel aus Porpoise Spit ist ungeschickt, altmodisch, arbeitslos, zu dick. Erst als Muriel ihrer Freundin Rhonda begegnet und mit ihr nach Sidney zieht, ist der Hochzeitswahn für eine Weile vergessen. Doch als Rhonda krank wird, flüchtet sich Muriel wieder in ihre Träume. Am Ende schafft sie es, die Vorstellung von der Hochzeit, die ihr Leben verändert, zu überwinden. Die Botschaft des Films: Finde lieber dich selbst als einen Ehemann.

**»5 × 2«,** Frankreich 2004, François Ozon
Der Film erzählt die Geschichte eines Paares in umgekehrter Reihenfolge. Er beginnt also mit ihrer Scheidung, anschließend erfährt man von ihren Krisen und erlebt die Geburt ihres Kindes. In der Hochzeitsnacht hat die Braut Sex mit einem wildfremden Mann, während ihr frisch angetrauter Ehemann besoffen im Hotelbett liegt. Der Film endet mit dem Zauber ihrer ersten Begegnung. Durch diesen einfachen filmischen Kniff hat man das Gefühl, dass die Beziehung dieses Paares sich genau so entwickeln musste, wie sie sich entwickelt hat. Mit all den Respektlosigkeiten, der Gleichgültigkeit und dem Überdruss.

Wie oft hat man sich selbst schon gewünscht, wieder an den Anfang seiner Beziehung zurückkehren zu können, als alles noch schön und leicht war – und bevor man verheiratet war.

**»Vicky Cristina Barcelona«,** USA, Spanien 2008, Woody Allen
Zwei Freundinnen, die bodenständige Vicky und die unstete

Cristina, reisen nach Barcelona. Vicky will dort ihre Magister-
arbeit über die katalanische Identität beenden, Cristina weiß gar
nicht genau, was sie will. Als sie beide dem spanischen Maler
Juan Antonio Gonzalo begegnen und eine Affäre mit ihm beginnen, überdenken sie beide ihr Konzept von der Liebe. Vicky fragt
sich, ob es wirklich ihr Wunsch ist, den konventionellen Doug
zu heiraten, und Cristina stellt sich vor, wie es wäre, mit Juan
und seiner impulsiven Ehefrau María Elena in einer Dreiecks-
beziehung zusammenzuleben. Letztendlich tun beide das, was
ihnen entspricht: Vicky kehrt zu Doug zurück, Cristina verlässt
Juan und seine Frau. Wie dem auch sei: Man selbst will weder
mit Doug noch mit María Elena verheiratet sein.

**»Rote Sonne«,** Deutschland 1969, Rudolf Thome
Vier Frauen aus München haben eine Idee, was man gegen Routine und Unfreiheit in Beziehungen tun kann. Peggy, Isolde,
Christine und Silvy schließen einen Pakt: Sie verpflichten sich,
jeden neuen Liebhaber nach spätestens fünf Tagen zu erschie-
ßen. Die Freundschaft der Frauen gerät in eine ernste Krise, als
Peggys alte Liebe Thomas auftaucht und nach zehn Tagen immer
noch am Leben ist.

Kultfilm der 68er mit Uschi Obermaier, ein deutliches Plädo-
yer gegen die Ehe.

## Lesestoff

**»Heiraten ist unmoralisch«,** Esther Vilar, 1994
Eine zwanghafte Handlung nennt Esther Vilar das Heiraten, be-
fördert sowohl von den Kirchen als auch der Industrie. Was man
als Gast auf dieser grotesken Veranstaltung zu suchen hat, kann
sie sich nicht erklären. Zwei Menschen träfen ein erotisches
Dauerabkommen, und weil sie diese Abmachung in einer Kirche besiegeln und mit romantischem Firlefanz zukleistern, sei
man wider Willen gerührt. Dabei möchte man doch sonst nicht

so genau wissen, wie zwei Menschen ihr Sexleben und ihren Haushalt organisieren wollen.

Dieses Buch erinnert daran, was die Ehe ursprünglich war und eigentlich auch heute noch ist: ein Abkommen, füreinander und vor allen Dingen für den Nachwuchs zu sorgen, und zwar unabhängig davon, ob man einander noch liebt oder nicht.

### »Liebe als Passion«, Niklas Luhmann, 1982

Niklas Luhmanns These ist ungeheuerlich. Er erklärt, dass die Liebe, beziehungsweise das, was wir gelernt haben, für Liebe zu halten, nur durch verabredete Codes entsteht.

Sie haben dagegen das Gefühl, die Liebe zu Ihrem Partner sei einfach so über Sie gekommen?

Nun, das gehört auch zu den gesellschaftlichen Verabredungen, über die erotische Liebe auf diese Art und Weise zu sprechen. Ein Beweis dieser These ist der einfache Umstand, dass man zu anderen Zeiten nicht so über die Liebe gesprochen hat und noch nicht einmal den Anspruch hatte, eine solche Liebe zu empfinden.

Nach diesem Buch sieht man das Phänomen der Liebe sehr nüchtern. Man befindet sich also in einer optimalen Geistesverfassung, um eine wichtige Lebensentscheidung zu treffen, zum Beispiel, ob und wen man heiraten soll.

### Zeitschrift »Gala«, wöchentlich

Hier kann man jede Woche aufs Neue studieren, welche Traumpaare sich gefunden oder getrennt haben. Auffällig ist dabei immer wieder: Je kitschiger die Partner voneinander und von der Liebe sprechen, desto schmutziger und ordinärer verläuft ihre Trennung.

»Gala« liefert die Beweise zu Niklas Luhmanns These, dass Liebe durch eine gewisse Fetischisierung des Partners und durch die Beachtung bestimmter Sprachcodes erzeugt werden muss. Unsoziologisch ausgedrückt heißt das: Je weniger man seinen

Partner wirklich kennenlernt, desto heißer und inniger kann man ihn lieben. Sich hinter Rollen und Floskeln zu verstecken erzeugt nämlich eine große Projektionsfläche.

Und die abgeschmackteste Rolle in diesem Liebesspiel ist die der Braut, die endlich ihre rauschende Traumhochzeit mit »Mr Right« (groß, gut aussehend, Geld und Humor) feiern darf.

# DANK

Ich bedanke mich bei allen, die theoretisch zu unserer Hochzeit gekommen wären beziehungsweise rechtzeitig abgesagt hätten. Außerdem ganz besonders bei:

Caroline Labusch
Marc Malkwitz
Jörn Morisse
Oliver Sperl
Jan-Hendrik Wulf